《国家记忆》编写组 编

1949-2019

国家记忆

新中国70年影像志

新华出版社

图书在版编目（CIP）数据

国家记忆：新中国70年影像志 / 《国家记忆：新中国70年影像志》编写组编.
-- 北京：新华出版社，2019.9
ISBN 978-7-5166-4876-6

Ⅰ. ①国… Ⅱ. ①国… Ⅲ. ①社会主义建设成就－中国－画册
Ⅳ. ①D619-64

中国版本图书馆CIP数据核字(2019)第200850号

《国家记忆：新中国70年影像志》

编　　者：《国家记忆：新中国70年影像志》编写组

总 策 划：梁相斌　潘海平　　**策　　划：**许　新
责任编辑：江文军　张　谦　高映霞　马大乔　　**封面设计：**后声工作室

出版发行：新华出版社
地　　址：北京石景山区京原路8号　　**邮　　编：**100040
网　　址：http://www.xinhuanet.com/publish/
经　　销：新华书店、新华出版社天猫旗舰店、京东旗舰店及各大网店
购书热线：010－63077122　　**中国新闻书店购书热线：**010－63072012

照　　排：六合方圆
印　　刷：三河市君旺印务有限公司

成品尺寸：185mm × 245mm
印　　张：35　　**字　　数：**260千字
版　　次：2019年9月第一版　　**印　　次：**2023年10月第七次印刷

书　　号：ISBN 978-7-5166-4876-6
定　　价：118.00元

前　言

1949 年 9 月 30 日，刚刚闭幕的中国人民政治协商会议第一届全体会议选举产生了中央人民政府委员会，毛泽东主席向全世界郑重宣布：占人类总数四分之一的中国人从此站立起来了。中国的历史从此开辟了一个新的时代。

1949 年 10 月 1 日，中华人民共和国开国大典在北京天安门广场隆重举行。当天，全国已经解放的各大中城市都举行了热烈的庆祝活动。10 月 1 日这一天，被定为中华人民共和国国庆日。新中国的成立，是五四运动以来我国发生的重大历史性事件，是近代以来实现中华民族伟大复兴的重要里程碑，中华民族发展进步从此开启了新纪元。

2019 年，是新中国成立 70 周年。

70 年来，在中国共产党的坚强领导下，全国各族人民团结一心，迎难而上，开拓进取，奋力前行，中国从封闭落后迈向开放进步，从温饱不足迈向全面小康，从积贫积弱迈向繁荣富强，创造了一个又一个人类发展史上的伟大奇迹，中华民族迎来了从站起来、富起来到强起来的伟大飞跃，正阔步走在中华民族伟大复兴的新征程上。

70 年来，我们不忘初心，始终坚持中国共产党的领导，始终坚持社会主义根本政治经济制度，始终坚持以人民为中心的发展思想。从创设政权、建设新中国到推进改革开放、以经济建设为中心；从革命转向改革；从计划经济转向市场经济；从被孤立封闭转向全面开放……

70 年峥嵘岁月，70 年铸就辉煌。在中华人民共和国成立 70 周年之际，我们精选了新华社中国照片档案馆中精彩照片 900 多幅，通过 12 个专题，以图文相结合的方式，回顾了在中国共产党领导下新中国走过的 70 年非凡历程。其中既包括承载历史变迁的重大事件、重要时刻，也包括记录时代风貌的经典场景、精彩瞬间，还包括反映民生变化的微观视角、寻常事件，这些鲜活的影像，汇成这样一部 70 年的《国家记忆：新中国 70 年影像志》。

图片无言，历史有声。图片定格的瞬间背后，是新中国成立 70 年来风云激荡的伟大历程，是感天动地的奋斗史诗，是彪炳史册的千秋伟业。本书编者期待，通过一个个专题、一张张照片，穿越时空、对话历史、携手未来、砥砺前行，并以此作为向新中国 70 周年的献礼。

2019 年 10 月 1 日，庆祝中华人民共和国成立 70 周年大会在天安门广场隆重举行，中共中央总书记、国家主席、中央军委主席习近平发表重要讲话，庆祝大会后举行盛大的阅兵式和群众游行。当日晚，在天安门广场举办首都国庆联欢活动，党和国家领导人同首都各界代表一起联欢并观看文艺演出和焰火表演。在本书重印之际，我们收录了阅兵仪式、群众游行和联欢活动的精彩图文，记录这一“祖国的庆典、人民的节日”以飨读者。

中国的昨天，雄关漫道真如铁；中国的今天，人间正道是沧桑；中国的明天，长风破浪会有时。

祝福我们的伟大祖国！

2019 年 10 月于本书重印之际

《国家记忆》编写组

目录

CONTENTS

前　言 / 1

序　篇　盛世大典：庆祝中华人民共和国成立 70 周年 / I

第一篇　城乡巨变 / 1

1.1　乡土中国：从土地改革到新时代乡村振兴 / 4

1.2　中国城市：70 年城镇化印迹 / 22

1.3　从古都北平到新北京：首都 70 年影像记忆 / 54

第二篇　经济之脉 / 63

2.1　工业区域：从老工业基地到科技园区 / 66

2.2　国有企业：从国营经济到新时代国企改革 / 76

2.3　从计划经济到社会主义市场经济 / 82

2.4　开放国门搞建设 / 88

2.5　财富力量　源头活水 / 98

第三篇　当家作主 / 107

3.1　人民代表大会制度：书写民主法治的辉煌篇章 / 108

3.2　人民政治协商会议：建言资政和凝聚共识 / 116

3.3　民族区域自治：凝心聚力共谋跨越式发展 / 124

第四篇　科技强国 / 135

4.1　科技战略：创新引擎激发转型升级的新动能 / 138

4.2 制造强国：锻造民族复兴“硬实力” / 148
4.3 航天科技：脚踏实地　逐梦太空 / 160
4.4 海洋科技：从油气资源开发到建设海洋强国 / 174
4.5 信息技术：信息强国的弯道超车 / 190

第五篇　大国工程 / 203

5.1 追梦里程：新中国公路 70 年 / 204
5.2 铁路记忆：从铁路弱国到高铁强国 / 210
5.3 桥梁飞架：山河跨越　天堑通途 / 224
5.4 民航事业：从无到有　乘风翱翔 / 236
5.5 江河安澜：新中国水利 70 年 / 244

第六篇　民生画卷 / 263

6.1 从文盲大国到文化强国 / 264
6.2 从“赤脚医生”到“超级医院” / 276
6.3 从自行车王国到汽车强国 / 288
6.4 舌尖上的民生 / 294
6.5 追寻流行色 / 306
6.6 婚姻幸福曲 / 314
6.7 新中国妇女风采 / 322
6.8 “六一，我们的节日” / 330
6.9 消费：从凭票供应到移动支付 / 338

第七篇　英雄楷模 / 345

7.1 党的好干部：人民的好公仆 / 346
7.2 改革先锋：和平环境下的“战斗英雄” / 350

7.3　时代楷模：历史丰碑上的宝贵精神财富 / 354
7.4　无名英雄：共和国最可爱的人 / 360

第八篇　文化记忆 / 369

8.1　考古记忆：新中国的考古大发现 / 370
8.2　阅读记忆：70 年的阅读风景 / 382
8.3　荧幕上的时光 / 388
8.4　戏曲文艺：70 年的舞台光影 / 396

第九篇　体育强国 / 403

第十篇　强军之路 / 429

10.1　军队建设：聚焦强军目标　重塑人民军队 / 430
10.2　大阅兵：历史的见证 / 446
10.3　新时代强军：建设世界一流军队 / 462

第十一篇　命运与共 / 473

11.1　和平共处五项原则：东方智慧与大国胸怀 / 474
11.2　领事保护：祖国一直在我的身旁 / 486
11.3　一带一路：擘画全球治理新宏图 / 492
11.4　人类命运共同体：中国特色大国外交理论框架的确立 / 502

第十二篇　美丽中国 / 511

后　记 / 532

1949
国

序　篇

盛世大典
庆祝中华人民共和国成立 70 周年

壮阔七十载，奋进新时代。2019 年 10 月 1 日上午，庆祝中华人民共和国成立 70 周年大会在北京天安门广场隆重举行，20 余万军民以盛大的阅兵仪式和群众游行欢庆共和国 70 华诞。中共中央总书记、国家主席、中央军委主席习近平发表重要讲话并检阅受阅部队。

国庆阅兵

上午 9 时 57 分，在欢快的乐曲声中，习近平等党和国家领导人来到天安门城楼主席台，向广场观礼台上的各界代表挥手致意。全场爆发出雷鸣般的掌声。

◀ 2019 年 10 月 1 日上午，庆祝中华人民共和国成立 70 周年大会在北京天安门广场隆重举行。（新华社记者 刘大伟 摄）

10时整，庆祝大会开始。全体起立，70响礼炮响彻云霄，国旗护卫队官兵护卫着五星红旗，迈着铿锵有力的步伐，从人民英雄纪念碑行进至广场北侧的升旗区。中国人民解放军联合军乐团奏响雄壮的《义勇军进行曲》，全场齐声高唱中华人民共和国国歌，鲜艳夺目的五星红旗冉冉升起，在天安门广场上空迎风飘扬。

随后，习近平发表重要讲话。他首先代表党中央、全国人大、国务院、全国政协和中央军委，向一切为民族独立和人民解放、国家富强和人民幸福建立了不朽功勋的革命先辈和烈士们，表示深切的怀念，向全国各族人民和海内外爱国同胞，致以热烈的祝贺，向关心和支持中国发展的各国朋友，表示衷心的感谢。

习近平在讲话中指出，70年前的今天，毛泽东同志在这里向世界庄严宣告了中华人民共和国的成立，中国人民从此站起来了。这一伟大事件，彻底改变了近代以后100多年中国积贫积弱、受人欺凌的悲惨命运，中华民族走上了实现伟大复兴的壮阔道路。70年来，全国各族人民同心同德、艰苦奋斗，取得了令世界刮目相看的伟大成就。今天，社会主义中国巍然屹立在世界东方，没有任何力量能够撼动我们伟大祖国的地位，没有任何力量能够阻挡中国人民和中华民族的前进步伐。

习近平强调，前进征程上，我们要坚持中国共产党领导，坚持人民主体地位，坚持中国特色社会主义道路，全面贯彻执行党的基本理论、基本路线、基本方略，不断满足人民对美好生活的向往，不断创造新的历史伟业。我们要坚持“和平统一、一国两制”的方针，保持香港、澳门长期繁荣稳定，推动海峡两岸关系和平发展，团结全体中华儿女，继续为实现祖国完全统一而奋斗。我们要坚持和平发展道路，奉行互利共赢的开放战略，继续同世界各国人民一道推动共建人类命运共同体。中国人民解放军和人民武装警察部队要永葆人民军队性质、宗旨、本色，坚决维护国家主权、安全、发展利益，坚决维护世界和平。

习近平强调，中国的昨天已经写在人类的史册上，中国的今天正在亿万人民手中创造，中国的明天必将更加美好。全党全军全国各族人民要更加紧密地团结起来，不忘初心，牢记使命，继续把我们的人民共和国巩固好、发展好，继续为实现“两个一百年”奋斗目标、实现中华民族伟大复兴的中国梦而努力奋斗。

习近平讲话结束时，全场响起长时间热烈的掌声。

10时15分，阅兵仪式开始，标兵就位，军乐团吹响阅兵式号角。习近平乘坐红旗检阅车，经过金水桥，驶上长安街。阅兵总指挥、中部战区司令员乙晓光报告受阅部队列队完毕，习近平下达检阅开始的命令。中国共产党党旗、中华人民共和国国旗、中国人民解放军军旗在受阅部队最前方迎风招展，习近平驱车行进至党旗、国旗、军旗前，向旗帜行注目礼。

雄壮的军乐声中，习近平乘车沿着宽阔的长安街，依次检阅 15 个徒步方队、32 个装备方队。近 15000 名受阅官兵整齐列阵、英姿勃发，580 台受阅装备在阳光下熠熠生辉。这是中国特色社会主义进入新时代的首次国庆阅兵，也是共和国武装力量改革重塑后的首次整体亮相。

▲ 空中护旗梯队。（新华社记者 孟鼎博 摄）

10 时 43 分，空中护旗梯队拉开了阅兵分列式的序幕，3 架直升机分别悬挂中国共产党党旗、中华人民共和国国旗、中国人民解放军军旗，同其他直升机组成编队飞过天安门上空。随后，20 架直升机组成巨大的“70”字样，象征中华人民共和国走过 70 年光辉历程。

天安门前，仪仗方队高擎党旗、国旗、军旗，沿着东长安街阔步走来。气势如虹的领导指挥方队、陆军方队、海军方队、空军方队、火箭军方队紧随其后，展示钢铁长城的时代风貌；战略支援部队方队、联勤保障部队方队、院校科研方队、文职人员方队首次亮相国庆阅兵，显示改革强军的崭新气象；武警部队方队步伐铿锵，展示忠诚卫士的使命担当；女兵方队英姿飒爽，展示巾帼不让须眉的豪迈情怀；预备役部队方队、民兵方队亮相阅兵场，体现我国后备力量建设的时代风采；维和部队方队威武雄壮，体现中国军队作为和平之盾的贡献与力量……15 个徒步方队，迈着雄健的步伐依次通过天安门广场，接受祖国和人民检阅。

▲ 行进中的仪仗方队。（新华社记者 兰红光 摄）

▲ 领导指挥方队接受检阅。（新华社记者 高洁 摄）

▲ 女兵方队。（新华社记者 王建华 摄）

▲ 战旗方队。（新华社记者 李安 摄）

▲ 受阅部队。（新华社记者 申宏 摄）

100 面鲜红的战旗迎风飘扬，战旗方队出现在天安门广场。人民军队基因血脉永不磨灭，永远传承。马达轰鸣，震天动地。32 个装备方队分为陆上作战、海上作战、防空反导、信息作战、无人作战、后装保障、战略打击 7 个模块，按照联合作战编成隆隆驶来，接受检阅。这次受阅装备全部为中国制造，40% 为首次亮相。坦克、战车、火炮、导弹、无人机……这些捍卫国家主权统一、领土完整，捍卫民族尊严和人民安宁的武器装备在天安门城楼前一一通过，热烈的掌声此起彼伏。

◀ 东风 -41 核导弹方队通过天安门广场。（新华社记者 韩瑜庆 摄）

振翅长空，雄鹰翱翔。11 时 23 分许，11 个空中梯队从远方呼啸而来，全场目光投向天安门上空。领队机梯队拉出 7 道彩烟，开启了空中梯队的帷幕。预警指挥机梯队、海上巡逻机梯队、运输机梯队、支援保障机梯队、轰炸机梯队、加受油机梯队、舰载机梯队、歼击机梯队、陆航突击梯队依次低空飞过。教练机梯队划出 7 条彩带，向共和国献上生日祝福。

▲ 教练机梯队。（新华社记者 刘金海 摄）

▲ 群众游行中的国旗方阵、国庆年号和国徽方阵。（新华社记者 翟健岚 摄）

群众游行

11 时 32 分，广场电子屏幕上出现“伟大的中国人民万岁”“伟大的中国共产党万岁”“伟大的中华人民共和国万岁”等标语，现场合唱团唱响《今天是你的生日，中国》，以“同心共筑中国梦”为主题的群众游行开始。

游行分“建国创业”“改革开放”“伟大复兴”三个篇章，10 万群众、70 组彩车组成 36 个方阵和 3 个情境式行进，展现中国共产党团结带领全党全国各族人民从站起来、富起来到强起来的伟大征程，抒发对中国共产党、中华人民共和国的由衷赞美和真情热爱。

高举巨幅国旗的 1949 名青年组成国旗方阵率先走来。70 年前，第一面五星红旗在天安门广场冉冉升起。随后走来的是由 2019 名青年组成的国庆年号和国徽方阵。1949 到 2019，记录下新中国 70 年砥砺奋进之路；神圣的国徽，象征着全体中国人民的尊严和力量。一曲《红旗颂》奏响，21 辆礼宾车组成的致敬方阵徐徐驶来。车上是老一辈党和国家、军队领导人亲属代表，老一辈建设者和亲属代表，新中国成立前参加革命工作的老战士，老一辈军队退役英模、民兵英模和支前模范代表。

第一篇章“建国创业”，由“开天辟地”“浴血奋战”“建国伟业”“当家作主”“艰苦奋斗”5 个方阵组成。热情欢腾的舞蹈，优美深情的旋律，金光闪闪的勋章，再现历史的雕塑，让人们的思绪回到那开天辟地的时刻、那硝烟滚滚的岁月、那热火朝天的年代。当游行队伍簇拥着毛泽东巨幅画像经过天安门时，现场迸发出热烈的掌声和欢呼声。第一篇章在情境式行进“青春万岁”中结束，少男少女骑着自行车穿梭而过，红色长纱巾流动成梦想之圆，绘成一道年代风景。

▲ 群众游行“致敬”方阵中的第一辆礼宾车，车上乘坐的是 6 位新中国缔造者的亲属代表、3 位老一辈科学家的家属代表和 9 位老红军老八路军老解放军。（新华社记者 殷刚 摄）

▲ 情境式行进“青春万岁”。（新华社记者 殷刚 摄）

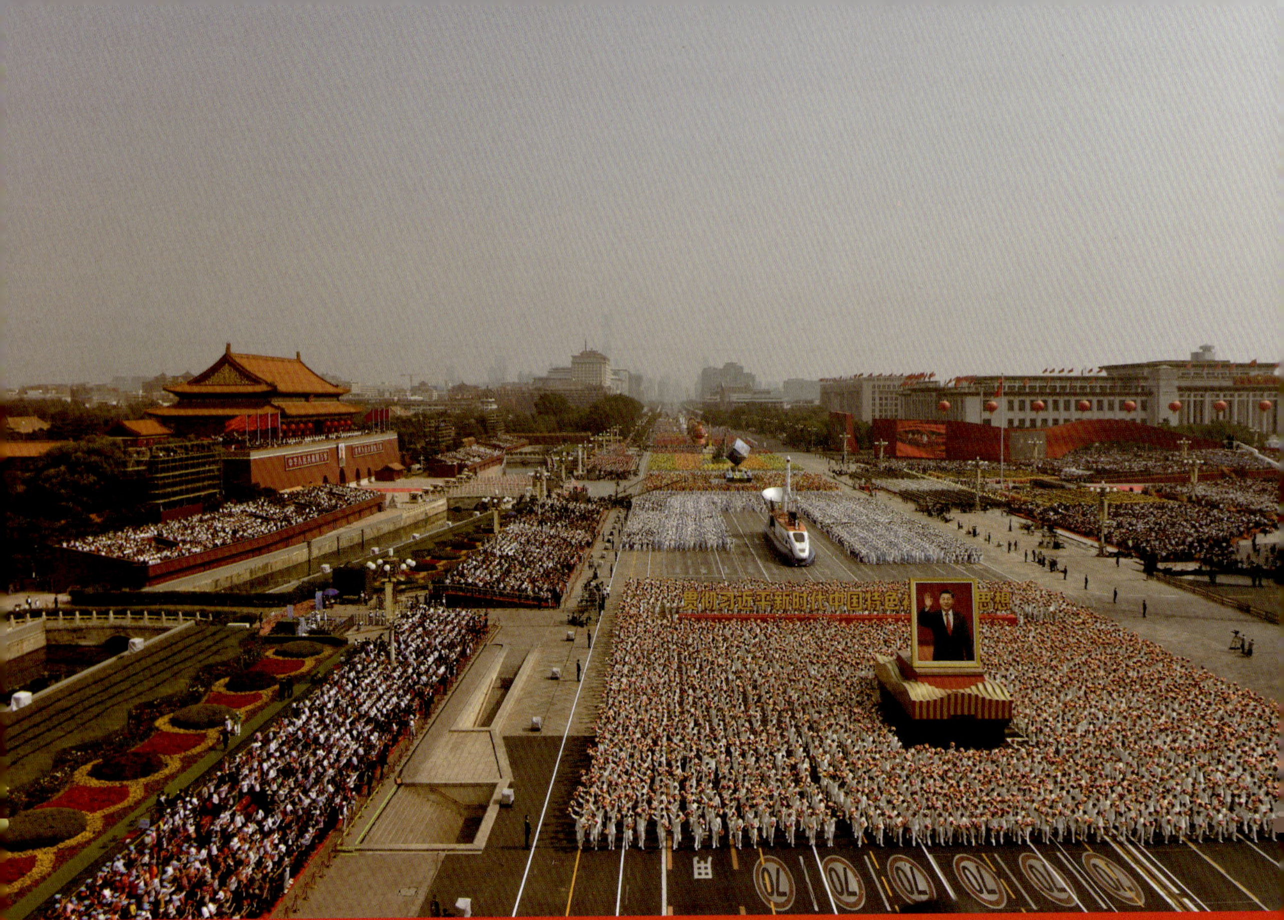

▲ “伟大复兴”方阵（前）。（新华社记者 徐昱 摄）

▼ “祖国万岁”方阵。（新华社记者 袁满 摄）

▲ 庆祝大会现场放飞气球。（新华社记者 方喆 摄）

第二篇章“改革开放”，由“关键抉择”“希望田野”“春潮滚滚”“与时俱进”“一国两制”“跨越世纪”“科学发展”“众志成城”“圆梦奥运”9个方阵组成。改革创新的激情，迎难而进的坚毅，梦想成真的欣喜，写在游行群众的脸上。一辆辆造型丰富、寓意隽永的彩车，一句句高亢嘹亮、振奋人心的口号，展现改革开放以来的壮丽篇章。当游行队伍先后簇拥着邓小平、江泽民、胡锦涛巨幅画像经过天安门时，全场一次次迸发出热烈的掌声和欢呼声。第二篇章在情境式行进“东方雄狮”中结束，中国功夫和舞狮表演精彩互动，激昂的鼓点催人奋进。

第三篇章“伟大复兴”，由18个方阵组成。当簇拥着习近平巨幅画像的“伟大复兴”方阵出现时，热烈的掌声和如潮的欢呼响彻全场，把群众游行推向高潮。随后走来的“创新驱动”“区域协调”“乡村振兴”“民主法治”“民族团结”“凝心铸魂”“中华文化”“立德树人”“体育强国”“脱贫攻坚”“美好生活”“绿水青山”“人类命运共同体”“从严治党”“不忘初心”等方阵，全面展现党的十八大以来，以习近平同志为核心的党中央领导全党全国各族人民，在经济、政治、文化、社会、生态文明和党的建设等各领域实现的历史性变革和取得的历史性成就；“中华儿女”方阵，以巨大鲲鹏造型彩车引领各省区市和港澳台彩车依次通过天安门，充分显现中华大地的壮美画卷和改革发展的勃勃生机；“扬帆远航”方阵，寓意“中国号”巨轮向着实现中华民族伟大复兴的光辉彼岸破浪前进。第三篇章在情境式行进“同心追梦”中落下帷幕，2019名少先队员组成的行进乐团奏响中国少年先锋队队歌，昭示复兴之梦必将在接力奋斗中成为现实。

群众游行接近尾声，最后一个方阵“祖国万岁”走向天安门。“我和我的祖国，一刻也不能分割……”动听的歌曲、动人的舞姿、灿烂的笑容，向祖国母亲献上最热情的礼赞和最美好的祝愿。

随着 7 万羽和平鸽展翅高飞，7 万只气球腾空而起，《歌唱祖国》的激昂乐曲、歌声在整个广场回荡，游行群众朝着天安门城楼方向欢呼致敬，习近平等向各界群众挥手致意。城楼上下连通真情交汇的心桥，广场内外成为欢歌笑语的海洋，共同庆祝中华人民共和国 70 华诞，共同祝愿中国和世界的明天更加美好。

庆祝大会历时 2 小时 40 分钟，于 12 时 40 分圆满结束。

联欢活动

2019 年 10 月 1 日晚，庆祝中华人民共和国成立 70 周年联欢活动在北京天安门广场盛大举行。党和国家领导人习近平、李克强、栗战书、汪洋、王沪宁、赵乐际、韩正、王岐山登上天安门城楼，同各族各界群众一起欢度国庆之夜。

19 时 57 分，习近平等领导同志来到天安门城楼主席台，向现场群众挥手致意。全场发出热烈的欢呼。

《红旗颂》主题表演现场。（新华社记者 翟健岚 摄）

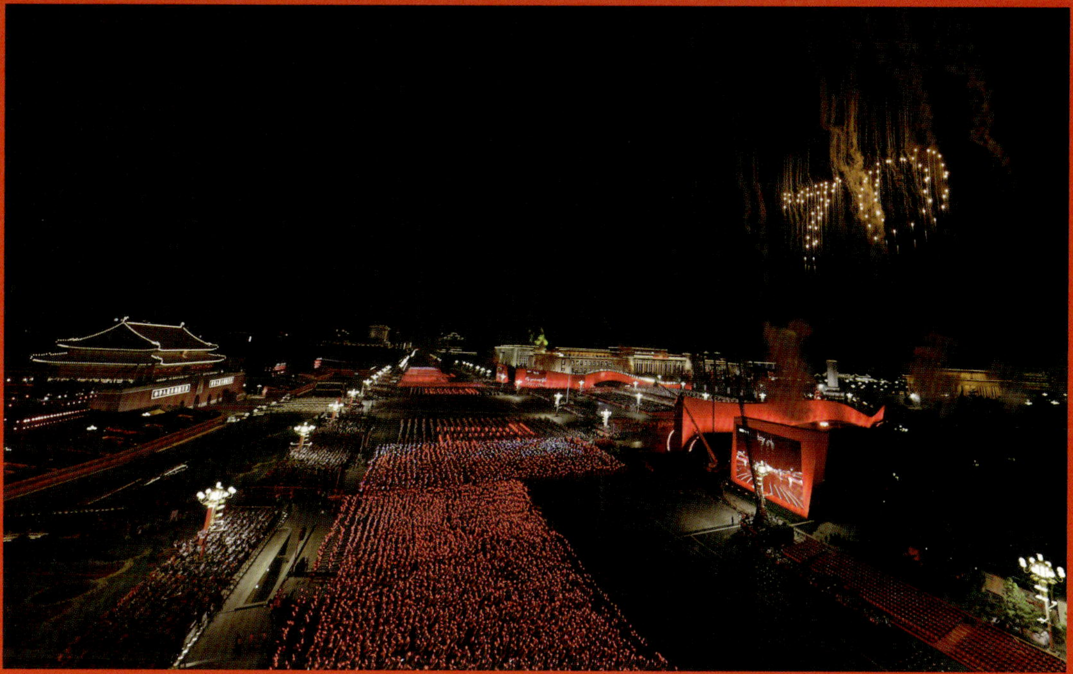

▲2019年10月1日晚，庆祝中华人民共和国成立70周年联欢活动在北京天安门广场举行，广场上空，特效烟花燃起双线“70”字样，璀璨夺目。（新华社记者 曹灿 摄）

20 时整，电报大楼传来悠扬的《东方红》乐曲，中共中央政治局委员、北京市委书记蔡奇宣布联欢活动开始。东自建国门、西自复兴门，70 束烟花柱依次腾空而起，向天安门广场汇集。广场上空，“70”字样的烟花，表达全国各族人民对新中国 70 华诞的热情礼赞。

联欢活动分 4 个篇章，由主题表演、中心联欢表演、群众联欢和烟花表演组成。

序章“红旗颂”，拉开了联欢活动的序幕。在庄严的礼炮声和雄浑的交响乐曲声中，3000 多名表演者汇聚在一起，构成了巨幅五星红旗图案。蓝天白云下、雪山之巅，解放军战士护卫着国旗；万顷碧波中、岛礁之上，少年儿童向国旗致敬；浩瀚星空中、“神舟”飞船上，国旗图案跃然于画面……在《歌唱祖国》的歌声中，一面长 90 米、宽 60 米的巨幅国旗在广场上空冉冉升起。五星红旗，你是我的骄傲；五星红旗，我为你自豪。当 3000 多名表演者手持烟花组成“祖国万岁”字样时，各族群众涌向天安门广场中心，全场沸腾，同声欢呼“祖国万岁”。

第一篇章“我们走在大路上”，唱响新中国 70 年的奋斗之歌，展现站起来的中国人民的精神风貌。鼓声激昂，劲舞欢腾，一条条红色花带编织成一个巨大的中国结，人们以最热烈的方式表达爱党爱国的心声。蒙古族的《赞歌》、藏族的《唱支山歌给党听》《北京的金山上》、维吾尔族的《青春舞曲》、朝鲜族的《红太阳照边疆》、壮族的《只有山歌敬亲人》、回族的《花儿与少年》……各族群众载歌载舞、同欢同乐。《青年友谊圆舞曲》的旋律声中，广场的夜空火树银花、

表演者手持烟花组成“新时代”字样。（新华社记者 李学仁 摄）

璀璨绚烂。从风雪群山到大漠深处，从广袤原野到蔚蓝海洋，人民共和国的一支支建设大军奔向祖国最需要的地方。

第二篇章“在希望的田野上”，象征改革开放如春风化雨滋润着神州大地。从上世纪 50 年代的《我的祖国》、60 年代的《花儿朵朵向太阳》、70 年代的《中国，中国，鲜红的太阳永不落》……到新世纪的《阳光路上》，伴着一首首新中国成立后各个时期的经典歌曲，联欢群众载歌载舞，尽情展示民间文化和民俗艺术。伴随着《北京喜讯到边寨》的旋律，烟花腾空而起、流光溢彩。在希望的田野上，我们用双手创造着美丽的家园。轻风中的云朵化作春雨，洒落在沃野，象征着希望的幼苗破土而出、开枝散叶，长成参天大树，结出累累果实。“烟花树”上呈现出充满童心童趣的“幸福家园”动态图案。

第三篇章“领航新时代”，展现出新时代中国人民多彩的梦想，彰显着各族人民为实现中华民族伟大复兴追风逐梦的精神风貌。彩色的风车、旋转的光轮，激情的舞动、活力的奔跑，新天新地新时代的幸福图景中，联欢群众同歌共舞。音乐烟花《新时代圆舞曲》，以一幅幅恢弘画面演绎着新时代的豪迈与荣耀。花蕊绽放出中国梦的美好愿景，花瓣洋溢着新时代的蓬勃生机，缤纷的花瓣翩然漫舞，化身为羽羽白鸽。沿着鸽群翱翔的轨迹，出现了地球形状的同心圆，一条条经纬线纵横穿梭，定格在“一带一路”会标图形上。同心圆变成一张巨大的笑脸，随后化作 3000

▲特效烟花组成“人民万岁”字样。（新华社记者 兰红光 摄）

多张笑脸，组成“新时代”巨幅图案。表演者点燃手中烟花，将“新时代”字样装点得璀璨亮丽。“烟花树”上呈现出象征富足兴旺、如意吉祥的“牡丹盛放”动态图案。联欢群众涌入这美好图景之中，用发自内心的歌声汇聚成一曲《不忘初心》的心灵交响。各族同胞、各界群众以快闪的形式，在《我和我的祖国》的歌声中表达对祖国的爱，憧憬更加美好的未来。伴着《同欢同乐同祝愿》的歌声，人们欢歌热舞，共庆新中国华诞。

习近平等领导同志同全场群众一起高唱《歌唱祖国》。“烟花树”上呈现出一幅寓意“欣欣向荣”的孔雀图案，天安门广场上空万花绽放。此刻，联欢活动的气氛达到最高潮。

21 时 30 分许，联欢活动圆满结束。广场上，激动不已的人们仍沉浸在欢乐和兴奋之中，久久不愿离去……

第一篇

城乡巨变

新中国成立 70 年来，我国区域发展战略稳步实施，城乡区域经济社会发展一体化新格局逐步形成，不同地区比较优势有效发挥，从东到西、从南到北旧貌换新颜。

一、城镇化水平显著提高，城市建设多姿多彩。新中国成立初期，我国城镇化水平很低，城镇人口占总人口的比重仅为 10.6%。1978 年末，常住人口城镇化率也仅为 17.9%。改革开放以来，我国城镇化进程明显加快，城镇化水平不断提高。2018 年末，我国常住人口城镇化率为 59.6%，比 1978 年末上升 41.7 个百分点。党的十八大以来，随着户籍制度改革和居住证制度推进实施，农民工市民化程度不断提高。2018 年末，户籍人口城镇化率达到 43.4%，比 2012 年末提高 8.0 个百分点。伴随工业化和城镇化进程逐步加速，城市数量持续增加，城镇网络体系不断完善。1949—2018 年，城市数量由 132 个发展到 672 个，其中地级以上城市由 65 个增加到 297 个，县级市由 67 个增加到 375 个，建制镇由 2000 个左右增加到 21297 个。

二、农村建设成效显著，乡村面貌焕然一新。新中国成立初期，我国农业生产方式十分落后。随着人口较快增长，农民温饱问题长期未得到解决，农村建设相对滞后。改革开放以来，党中央国务院高度重视"三农"问题，在积极推进城镇化发展的同时，坚持工业反哺农业、城市支持农村，农村基础设施建设持续加强，农村交通、通信明显改善。据测算，2018 年，全国农村地区有 99.9% 的户所在自然村通公路，99.9% 的户所在自然村通电，99.7% 的户所在自然村通电话，98.1% 的户所在自然村能接收有线电视信号，95.7% 的户所在自然村已通宽带。党的十八大以来，乡村振兴战略稳步实施，美丽宜居乡村加快建设，农村人居环境明显改善。2018 年，全国农村地区有 65.3% 的户所在自然村饮用水经过集中净化处理，83.6% 的户所在自然村垃圾集中处理。

三、区域经济联动发展，新的增长极增长带蓄势崛起。新中国成立初期，我国地区差距很大，工业基础薄弱，且都集中在“广（州）大（连）上（海）青（岛）天（津）”等沿海城市。20 世纪 50—70 年代，在工业化建设中，生产力布局逐步变化。改革开放以来，随着西部大开发、中部崛起、东北振兴、东部率先发展等地区协调发展战略统筹推进，区域发展新空间不断拓展。2018 年，东部地区生产总值占全国的比重为 52.6%，比 1978 年上升 9.0 个百分点。中西部后发优势不断显现。2018 年，中部、西部地区生产总值占全国的比重分别为 21.1% 和 20.1%，分别比 2000 年提高 1.9 和 2.7 个百分点。党的十八大以来，京津冀协同发展、长江经济带、粤港澳大湾区、长三角一体化等一系列重大区域发展战略扎实推进，新的经济增长极加快形成。

1.1 乡土中国：从土地改革到新时代乡村振兴

新中国成立70年来，从开展土地改革到实行农业合作化，从建立家庭联产承包责任制到推进农村承包地三权分置，从打好脱贫攻坚战到实施乡村振兴战略，我国的农业农村发展发生了历史性变革。

新中国成立初期，我国农业生产基础单薄，“靠天吃饭”现象明显，粮食产量较低。20世纪60—70年代，在十分困难的条件下推进了农田水利设施建设。改革开放以来，随着农村改革的深化，农业综合生产能力不断提升，农业经济快速发展。粮食总产量由1978年的30477万吨增加到2012年的61223万吨，农林牧渔业总产值由1978年的1397亿元上升到2012年的86342亿元。党的十八大以来，农业机械化程度持续提高，主要农产品产量稳定增长，其中谷物、肉类、花生、茶叶、水果等产量持续位居世界第一。回首70年，我国粮食总产量由1949年的11318万吨提高到2018年的65789万吨，农业机械总动力由1952年的18万千瓦提高至2018年的10亿千瓦，全国耕地灌溉面积由1952年的1996万公顷扩大到2018年的6810万公顷，有力保障了国家粮食安全。

1950 年 6 月，中央人民政府委员会通过了《中华人民共和国土地改革法》。这部法律总结了中国共产党过去领导土地改革的历史经验，适应新中国成立后的新形势，成为指导新解放区土地改革的基本法律依据。

▶ 1947 年，河北平山县西柏坡村召开中共全国土地会议，会议通过了《中国土地法大纲》。（资料照片，新华社发）

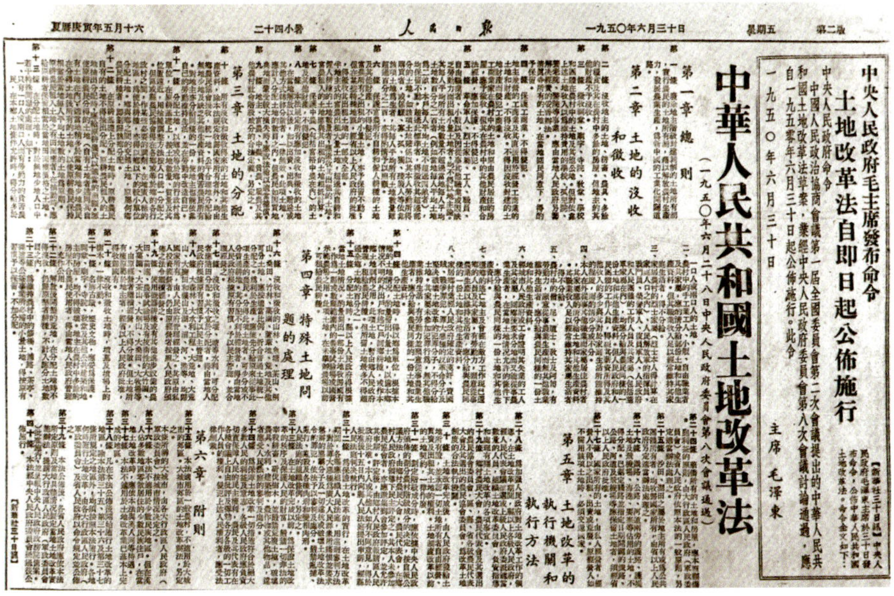

第二版 星期五 一九五〇年六月三十日 人民日報

中央人民政府毛主席發布命令

土地改革法自即日起公佈施行

中央人民政府命令

中國人民政治協商會議第一屆全國委員會第二次會議提出的中華人民共和國土地改革法草案，業經中央人民政府委員會第八次會議討論通過，應自一九五零年六月三十日起公佈施行。此令

主席 毛澤東

一九五〇年六月三十日

中華人民共和國土地改革法

（一九五〇年六月二十八日中央人民政府委員會第八次會議通過）

第一章 總則

第二章 土地的沒收和徵收

第三章 土地的分配

第四章 特殊土地問題的處理

第五章 土地改革的執行機關和執行方法

第六章 附則

◀ 1950年6月30日，《人民日报》上刊登的《中华人民共和国土地改革法》。（资料照片）

土地改革的基本目的，是废除地主阶级封建剥削的土地所有制，实行农民的土地所有制，以解放生产力，发展农业生产，为新中国工业化奠定基础。土地改革的总路线，是依靠贫农、雇农，团结中农，中立富农，有步骤地有分别地消灭封建剥削制度，发展农业生产。

新中国成立之前，各解放区就分期分批组织了土地改革。为保证土地改革法的正确实施，从中央到地方都抽调大批干部组织土改工作队，其中吸收了相当一批新解放城市的青年和学生，经过集中培训，认真学习土改法令，掌握各项政策和工作方法，分期分批下到农村开展土地改革。从 1950 年冬季开始，一场历史上空前规模的土地改革运动，在新解放区有领导、有步骤、分阶段地展开了。

◀ 1950 年，浙江省杭县临平区土改工作队的工作人员（左）带领农民进行分田。（资料照片）

◀ 1950 年 12 月，土地改革分完土地后，农民们正在写土地分界碑，准备插到地里去作标帜。（王纯德 摄，新华社发）

▲ 1951年，西南新解放区的农民展开减租退押运动。图为四川郫县的地主王舒安给佃户具结，定期退清押金。（解放军画报稿）

◀ 1951年6月5日，四川省合川县南津乡农民焚烧地主的土地契约书，庆祝土改胜利。（资料照片，新华社发）

◂ 1951年9月，湖南省岳阳县策口乡的农民将旧地契丢入火中。（新华社发）

土改后，农村的面貌焕然一新。到1952年底，全国除一部分少数民族地区及台湾地区外，广大新解放区的土地改革基本完成。全国有3亿多无地少地的农民（包括老解放区农民在内）无偿地获得了约7亿亩土地和大量生产资料，免除了过去每年要向地主缴纳约3000万吨粮食的苛重地租。土地改革的完成，消灭了地主阶级封建剥削的土地所有制，从根本上铲除了中国封建制度的根基，带来了农村生产力的解放、农民生产积极性的提高、农业的迅速恢复和发展。这是近代以来中国人民反封建斗争的一个历史性胜利。

▸ 1953年，广东省台山县一区车萌东方联乡土地改革胜利完成大会上，民兵们在农民群众的欢呼声中，行经主席台前。（三联稿）

1955 年，全国农业合作化运动不断发展，出现了合作化高潮。到 1955 年 11 月底，全国已经有新、老农业生产合作社近 140 万个，入社农户近 5 千万户，占全国农户总数 40%以上。

▲ 1955 年 11 月 5 日，国营灵山农业机械厂积极生产新式农具，支援农业合作化运动。（新华社记者 杨礼门 摄）

▲ 1955 年，四川省德阳县鹿河乡和平村的农民在踊跃地报名参加农业生产合作社。（新华社记者 孙忠靖 摄）

▲ 1955 年，四川省郫县花园乡麻柳村以星光第三农业生产合作社为中心组成一个联社。图为该社会计周兴昌（指手者）正在教保管员和记工员填写生产表格。（新华社记者 张齐才 摄）

▲ 1956 年 1 月 18 日，上海市举行郊区农业生产合作社代表会议。这是代表们把要求办高级社的申请书送上主席台。（资料照片，新华社发）

▲ 1956 年 9 月 11 日，黑龙江齐齐哈尔市新建了一所专门为培养高级农业生产合作社领导骨干的干部学校，参加学习的有 1023 名农业社的正副主任。这是他们在听大课，教师陈非正在讲解提高单位面积产量的技术措施。（新华社记者 胡伟 摄）

▶ 1958 年 11 月 6 日，北京海淀人民公社青龙桥工作站一连食堂内，社员们正在吃早饭。（新华社发）

◂ 1958 年 8 月 22 日，广西壮族自治区来宾县凤凰乡 10 个农业社，共计 8000 多人，建立了凤凰人民公社。这是社员们正在挂人民公社的牌子。（资料照片，新华社发）

20 世纪 60 年代，山西省昔阳县大寨村在“七沟八梁一面坡”的恶劣环境里，历经常人难以忍受的艰辛，造出 700 多亩高产农田，成为中国发展山区农业的典范，由此曾掀起一场长达 10 多年的“农业学大寨”运动，以陈永贵、郭凤莲等为代表的大寨人也随之名满神州。据统计，在十几年间，海内外约有 100 万人来到大寨参观、学习。

▸ 1964 年，山西昔阳大寨公社大寨大队的女青年社员正在劈山造田。（资料照片）

▲ 1983 年初，大寨实行家庭联产承包责任制，开始了家庭副业。这是一名村民在村口喂猪。（资料照片，新华社发）

1978 年冬，小岗村的 18 位农民以“敢为天下先”的精神，在一纸分田到户的“秘密契约”上按下鲜红的手印，实行了农业“大包干”，从此拉开了中国农村改革的序幕。“大包干”这种家庭联产承包制度解放了农村的生产力，最终上升为中国农村的基本制度，解决了亿万人民的温饱问题。

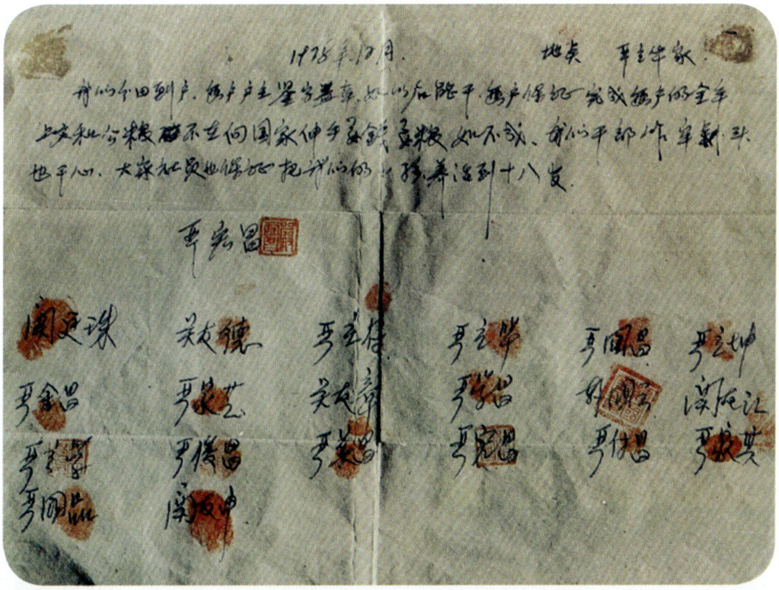
1978年12月　地点　严立华家
我们分田到户，每户户主签字盖章，如以后能干，每户保证完成每户的全年上交和公粮，不在向国家伸手要钱要粮，如不成，我们干部作牢杀头也干心，大家社员也保证把我们的小孩养活到十八岁

▶ 安徽省凤阳县小岗村 18 位农民按下红手印的“包产到户”契约。（资料照片）

▲ “大包干”带头人的合影，后排左四为严宏昌。（资料照片，新华社发）

▼ 1980 年春节前，四川彭县农民陈开方（前右）买了一台价值 520 元的 12 英寸黑白电视机，引来乡亲们羡慕的目光。（新华社发）

▲ 1983 年 12 月，农民们带着录音机在课堂上录制农业技术课程。我国农村推行生产责任制后，农民积极实行科学种田，许多地方出现了学科学、用科学热潮。吉林省怀德县玻璃城子乡先后有 4000 多名中青年农民参加了农业技术培训班，其中 210 人达到或接近农业技术员水平。（新华社记者 刘恩泰 摄）

▲ 1984 年，河南省项城县举行了第一届庆丰收运动会，有 4200 多名农民参加。这些在 4 年前只会骑毛驴和自行车的农民，如今骑上自己的“电驴子”，参加运动会举办的专业户摩托车比赛。（新华社记者 唐茂林 摄）

▲ 1985 年，河北省新城县高碑店镇热闹的“新兴市场”南街一瞥。河北省新城县采取措施，吸引农民进城办商业、服务业。这个县仅用 3 个月时间就在县城高碑店建成了一条名为“新兴市场”的商业街，使城镇居民吃饭、做衣、理发、购物难的问题得到初步解决。当地人民高兴地称它是县城里的“小王府井”。（新华社记者 张桂玉 摄）

◀ 山东莱西县红旗村“葡萄大王”孙培杰 1986 年花 15 万元建造的 415 平方米的住宅，是胶东当时最高级的农民住宅。图为孙培杰准备开着自购的小车外出。（新华社记者 时盘棋 摄）

▲ 广西南丹县的瑶族农民习惯身着白裤，故有“白裤瑶”之称。这里交通闭塞，群众历来不经商，改革开放的春风吹到了瑶寨。图为 1988 年，“白裤瑶”群众将农副产品拿到圩场出售。（新华社记者 陆运祥 摄）

▼ 1989 年 6 月 26 日，景洪县群众在澜沧江上举办龙舟赛，成千上万的群众和旅游者争相观看。（新华社记者 朱于湖 摄）

2006 年 1 月 1 日起废止《农业税条例》，自此我国全面取消农业税，使中国延续了 2600 多年的“皇粮国税”走进了历史，从根本上消除了农民负担反弹的隐患，直接促进了农村经济的发展和社会的稳定。

▲ 2006 年 2 月 4 日，安徽省蒙城县漆园镇宫庄村农民王贺朋（左一）花 6600 元钱购买了一台拖拉机，为春耕春播做准备。国家免征农业税等一系列惠农政策激发了农民的种粮积极性。（新华社发）

一直以来，中央都把“三农”问题作为党和政府全部工作的重中之重，从 2004 年开始，连续 16 年发布的中央一号文件都以“三农”为主题。特别是党的十八大以来这 7 年间，从农村土地“三权分置”到农业补贴政策体系不断完善，从农业经营体系改革到农村集体产权制度改革深入推进……不断深化的改革让农村生产力得到极大解放，让农业现代化实现跨越式发展，让农村社会保持了和谐稳定发展的好势头。

党的十八大以来，中央吹响了打赢脱贫攻坚战的进军号角，实现到 2020 年，我国现行标准下农村贫困人口全部脱贫的目标胜利在望，为全球更有效地进行减贫治理提供了“中国方案”。

▲ 2018年3月13日，在河南省驻马店市遂平县常庄镇大兴村，无人机植保员徐伟在展示操控植保无人机的手机软件操作页面。（新华社记者 冯大鹏 摄）

▲ 2018 年 3 月 23 日，“智能拖拉机”在新疆库车县牙哈镇的一处棉田进行播种作业。在库车县牙哈镇的一片棉田里，耕地、平地、播种等作业全部由搭载自动导航系统的“智能拖拉机”来完成，大大提高了拖拉机作业的标准化，有助于棉农节本增效。（新华社记者 胡虎虎 摄）

▲ 2018 年 3 月 27 日，内蒙古乌拉特中旗流动法庭车停在牧民家门前。乌拉特中旗地处我国与蒙古国边界，流动法庭工作人员为当地牧民送法律读本，给他们宣传宪法，普及草牧场承包等相关法律知识，让依法治国的精神不因偏远而丢失；流动法庭工作人员到牧民家门口解决纠纷，给他们调解各种矛盾，让和谐稳定深入到边境牧民的心中。（新华社记者 刘磊 摄）

▲ 2019年1月3日，甘肃省陇南市徽县嘉陵镇稻坪村股民分红大会现场。100多年前，左宗棠在这里哀叹“陇中苦瘠甲于天下”。而今，创新、协调、绿色、开放、共享的发展理念，正深深植根于这片土地。随着国家一个个大布局、大战略、大规划的实施，借助“一带一路”建设，这片新中国扶贫开发的出发之地，正在用“绿色”谋未来，一幅幅壮美的生态发展画卷徐徐展开。（新华社记者 陈斌 摄）

2019年8月7日，国家统计局发布新中国成立70周年经济社会发展成就报告。报告显示，2018年农村居民人均可支配收入14617元，扣除物价因素，比1949年实际增长40倍，年均实际增长5.5%。

新中国成立70年来，农村居民收入持续较快增长，城乡收入差距明显缩小。报告显示，2018年城乡居民人均可支配收入比值为2.69，比1956年下降了0.64。

与此同时，农村居民消费水平不断提高，恩格尔系数持续下降。报告显示，2018年农村居民人均消费支出12124元，扣除物价因素，比1949年实际增长32.7倍，年均实际增长5.2%。农村居民恩格尔系数为30.1%，比1954年下降了38.5个百分点。

此外，家庭消费品升级换代，移动电话、计算机、汽车进入寻常百姓家。报告显示，2018年农村居民平均每百户拥有移动电话257部、计算机26.9台、汽车22.3辆、空调65.2台、热水器68.7台、微波炉17.7台。农村居民人均住房建筑面积达到47.3平方米，比1978年增加39.2平方米。

1.2 中国城市：70 年城镇化印迹

城镇化是衡量一个国家或地区发展程度、现代化水平的重要标志，中国的城镇化更像是中国发展的一个缩影，既有曲折中的不懈探索，也有与本土实际相结合的制度、模式创新。70 年沧桑巨变，中国的城镇化不仅让一个“乡土中国”转变为“城市中国”，也避免了发达国家和许多发展中国家城镇化中出现的严重的社会问题，走出了一条具有中国特色的新型城镇化道路。

回顾 70 年，中国城市的巨大变化见证了 70 年发展的中国“魔力”。城市中座座高楼林立，一处处“地标”也向世界展示了中国 70 年的巨大变化。

上海

空中俯瞰上海，黄浦江蜿蜒而过，汇入滔滔长江，融入茫茫东海。江河湖海孕育发展热土，浩瀚汪洋连接广阔世界。城市格局大开大阖，城市天际大厦林立，城市精神大气谦和。“大上海”，恰如其名。

砥砺前行 70 载，从远东第一都会到新中国最大的工业基地，再到国际经济、金融、贸易、航运和科技创新“五个中心”建设。“大上海”正以开放作楫、创新为帆，朝着卓越全球城市和社会主义现代化国际大都市的目标奋力迈进。

▲ 中共一大会址纪念馆外景。（新华社记者 刘颖 摄）

▲ 1960 年，上海市浦东县严桥人民公社同心生产队社员们在收割晚稻。（新华社记者 唐允仁 摄）

▲ 1989 年 9 月，浦东开发开放前的上海陆家嘴地区全景。（姚建良 摄，新华社发）

回溯上海 70 年的发展，最离不开的关键词是“开放”。1990 年浦东开发开放，上海从全国改革“后卫”变“前锋”。2010 年世博会，推动上海的城市面貌、发展理念焕然一新。2013 年上海自贸区挂牌，树起中国全方位开放的里程碑。对照国际最高标准、最好水平，已成为上海干部群众的行动自觉。

▲ 1994 年 8 月，浦东一条很不起眼的小路。（新华社发）

▲2018 年 11 月 1 日，从上海浦西白玉兰广场顶楼俯瞰晨曦中的外滩和陆家嘴。（新华社记者 方喆 摄）

▲ 2018 年 11 月 9 日航拍的上海国家会展中心。2018 年 11 月 5 日至 10 日，首届中国国际进口博览会在上海国家会展中心举行。（新华社记者 凡军 摄）

国际经济、金融、贸易、航运和科技创新“五个中心”之外，2018年首届进博会期间，中央又交给上海三项新的重大任务。“三大任务加一大平台”，将推动上海的改革开放向纵深发展，构筑这座城市新的战略优势。

细数三大任务，科创板已经顺利开板，市场反响热烈。长三角更高质量一体化稳步推进，三省一市共筑强劲活跃增长极。刚刚落地的上海自贸区临港新片区，正在紧锣密鼓落实总体方案要求，力争在寸土寸金之地飞出新的“金凤凰”。

▲ 2019年6月27日，俯瞰上海临港。（新华社记者 方喆 摄）

重庆

重庆既以江城、雾都著称，又以山城扬名，是国家历史文化名城，更是长江上游地区经济、金融、航运和商贸物流中心。1189 年，宋光宗赵惇先封恭王再继帝位，自诩“双重喜庆”，重庆由此得名。新中国成立这 70 多年，重庆人民走过了伟大的光辉历程，巴渝大地发生了翻天覆地的变化。

▲ 1939 年被日军轰炸后的重庆街道。（新华社发）

◀ 1949 年 11 月 30 日重庆解放，人民解放军第二野战军某部进驻重庆时，受到人民群众的热烈欢迎。（新华社记者 时盘棋 摄）

▲ 1954 年 4 月 20 日，新建重庆电力厂发电时的剪彩典礼大会。（新华社记者 游云谷 摄）

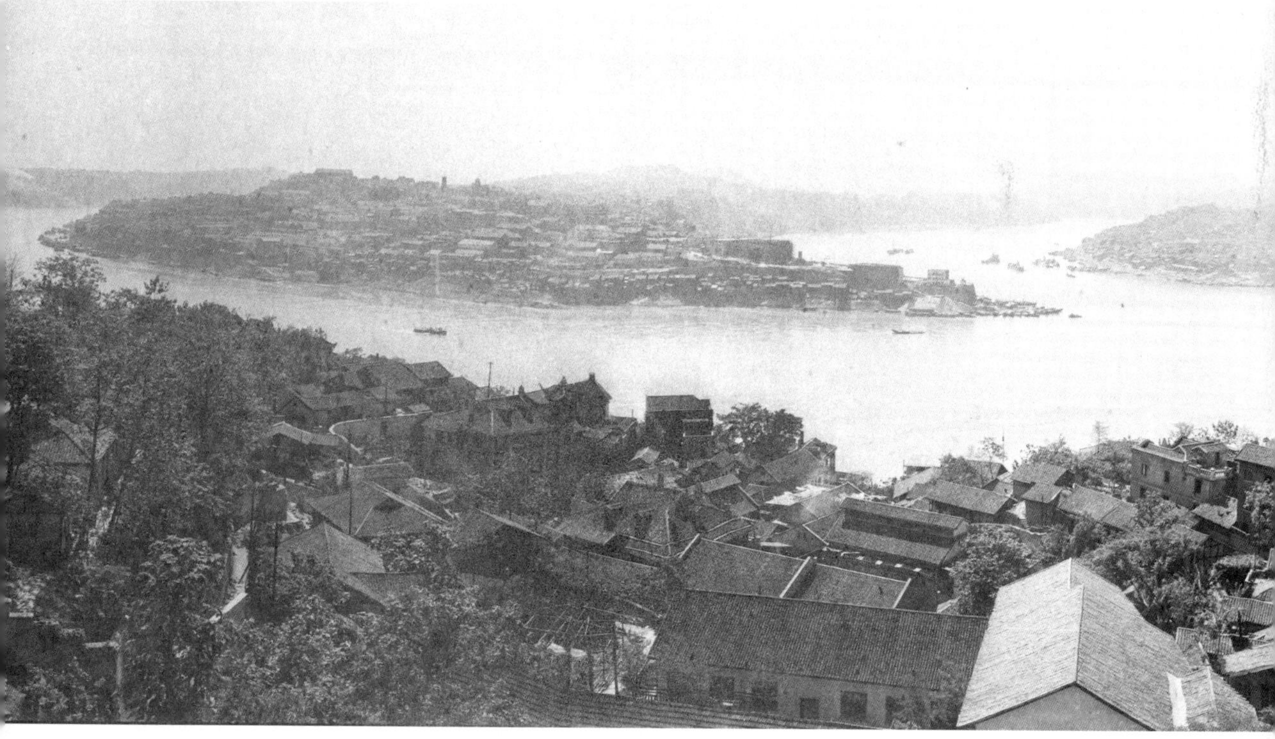

▲ 1958 年 10 月的重庆市景。（新华社记者 孙忠靖 摄）

▲ 1962 年 6 月，重庆，嘉陵江畔。（新华社记者 金勖琪 摄）

► 1963 年，重庆朝天门码头新建的缆车道。（新华社记者 刘诗临 摄）

▶ 1972 年，长江航道最险段三峡的航标工人，在架设半导体航标灯。（新华社记者 张申明 摄）

▶ 1982 年，耸立在重庆闹市区的会仙楼宾馆。（新华社记者 刘诗临 摄）

◂ 1985 年，山城重庆风貌。（新华社记者 刘诗临 摄）

▲ 1986 年，当时我国西南地区唯一的科学技术情报研究中心——重庆科技情报大楼建成。它坐落在市中区，建筑面积 9985 平方米，楼高 12 层。（廖五美　摄，新华社发）

◀ 1986 年，我国首次用于室外城市公共交通的直流高速客运电梯——重庆市凯旋路电梯投入运行。这座拥有两台客箱的电梯高 43 米，宏伟壮观，当时每天能运载行人 1 万人次。（新华社记者　刘前刚　摄）

▲ 图为 1987 年 5 月，山城重庆鸟瞰。重庆市 1986 年外汇收入 15000 万美元，与 100 个国家和地区有贸易关系。（新华社记者 刘诗临 摄）

▲ 图为 1989 年，重庆新建的南坪住宅区。（新华社记者 时盘棋 摄）

▲ 1949 年 11 月 29 日重庆解放前夕，国民党军警、特务炸毁了当时中国最大的兵工厂——第 21 兵工厂（左图）。解放后人民政府在这片废墟上建起了汽车厂，1988 年生产微型汽车 1 万余辆，总产值达 2.5 亿元（右图）。（新华社记者　时盘棋　摄）

▼ 2017 年 5 月 4 日，晨曦中的重庆主城区。（新华社记者　刘潺　摄）

▶ 左图：1952 年，重庆市万余群众在解放碑前举行欢迎大会，欢迎苏联文化工作者代表团和苏联艺术工作团。（资料照片）

右图：2009 年 8 月 20 日拍摄的重庆解放碑。（新华社记者 杨磊 摄）

今天的重庆，政治生态整体向好，干部群众精神面貌焕然一新，全面从严治党扎实推进，经济高质量发展势头强劲，社会大局和谐稳定，人民群众获得感、幸福感、安全感不断增强。持续营造良好政治生态，大力推动高质量发展，加快建设内陆开放高地，加快建设山清水秀美丽之地，努力创造高品质生活。

广州

新中国成立70年来，广州东进南拓，一路向海，将城市建成区推向了珠江入海口，实现了从滨江城市到滨海之都的历史性跨越。如今，广州再出发，向大湾区科创高地进军。

▲ 新中国成立前，广州珠江上居住着数以千计的“水上人家”，他们没有房屋，只得在小船上漂流。（新华社发）

► 1959，广州珠江“水上居民新村”，许多水上居民陆续搬进了新家，结束了祖祖辈辈的水上生活。（廖衍强、黄汝广 摄，新华社发）

新中国成立后，一些西方国家对中国实行“经济封锁”“货物禁运”，国家大规模经济建设急需进口多种物资。1955 年 10 月至 1956 年 5 月，广东省外贸系统凭借毗邻港澳的地缘优势，先后三次成功举办出口物资展览交流会。在此基础上，党中央、国务院批准外贸部和广东省共同以中国国际贸易促进委员会的名义举办中国出口商品展览会。

▲ 1956 年 3 月 1 日，捷克斯洛伐克社会主义建设成就展览会在广州中苏友好大厦开幕。这是开幕典礼会场的一角。（新华社记者 蔡忠植 摄）

► 1959 年 9 月，广州市中心永汉北路新建商店的职工用宫灯和纸花等装饰新店面。（新华社记者 张家昌 摄）

1960 年，广州海珠大桥。（新华社记者 李瑞峰 摄）

▲ 1974 年 4 月 10 日，新建的广州铁路客运站举行落成典礼，正式交付使用。（新华社记者 蔡忠植 摄）

▲ 1977 年 7 月 23 日，广东省广州市和广州部队广大军民举行盛大集会和游行，热烈庆祝党的十届三中全会胜利召开，坚决拥护全会一致通过的各项决议。（新华社记者 潘家珉 摄）

▲ 1984年，广州市珠江两岸景色。（新华社记者 黄鉴秋 摄）

▶ 1994年8月13日，国内首条城市空调电车线路在广州开通。由广州东山到机场路的128路公共汽车线路采用广州电车公司自行研制的14辆空调电车，实行无人售票，在夏季气候炎热的广州深受市民欢迎。（新华社记者 张肄文 摄）

▲ 2019 年 7 月 26 日，广州城市传统中轴线越秀山人民公园全景照片。（新华社记者 刘大伟 摄）

▼ 2019 年 6 月 8 日，广州城市新中轴线珠江新城和珠江两岸全景照片。（新华社记者 刘大伟 摄）

深圳

中共十一届三中全会后，以时任广东省委第一书记习仲勋为代表的改革先行者向中央打报告要求"第一个吃螃蟹"，提出创办对外加工贸易区的设想。1979年，小渔村深圳获批立市，第二年又被批准设立深圳经济特区。

◀ 建港填海的"开山炮"在深圳蛇口炸响。1979年，蛇口响起中国改革开放第一声开山炮，当时交通部属下的香港招商局在蛇口创办了我国第一个外向型工业区，创立"蛇口模式"。（资料照片，新华社发）

▼ 改革开放初期的蛇口。（新华社记者 卢汉欣 摄）

► 20 世纪 80 年代的深圳蛇口工业区。（深圳博物馆供图，新华社发）

建立经济特区，是党和国家为推进改革开放和社会主义现代化建设做出的重大决策。实践证明，建立经济特区的思想和决策是完全正确的，取得了巨大成功。它不仅使这些地区的经济得到快速发展，而且在推进对外开放，引进境外资金、先进技术及管理经验，建立社会主义市场经济体制等方面，发挥了窗口作用、试验作用和排头兵的作用。

► 建设中的罗湖小区。（资料照片，新华社发）

▲ 1986 年飞跃发展的深圳。（新华社记者 朱云风 摄）

▲ 2015 年 2 月 26 日，广东自贸区深圳前海蛇口片区内的蛇口片区。（新华社记者 毛思倩 摄）

▲ 2018 年 11 月 30 日，在位于深圳的比亚迪总部，“云轨”列车在运行调试中。（新华社记者 毛思倩 摄）

▲ 2017 年 2 月 14 日，无人机拍摄的深圳市中心。（新华社记者 毛思倩 摄）

作为改革开放先行者的深圳特区，又接到新的使命。2019 年 8 月 18 日，《中共中央国务院关于支持深圳建设中国特色社会主义先行示范区的意见》正式发布。提出到 2025 年，深圳建成现代化国际化创新型城市；到 2035 年，成为我国建设社会主义现代化强国的城市范例；到 21 世纪中叶，成为竞争力、创新力、影响力卓著的全球标杆城市。高质量发展高地、法治城市示范、城市文明典范、民生幸福标杆、可持续发展先锋，是深圳新的战略定位。这份 4000 多字的《意见》，为深圳未来相当长一段时间的发展锚定了航向。

天津

70 年春华秋实，天津与新中国共同成长，经济社会发生了沧桑巨变。到 2018 年，全市生产总值达到 1.88 万亿元，一般公共收入达到 2106 亿元，全社会研发经费支出占生产总值比重达到 2.47%，连续多年位居全国前列，是一个创新型的城市。综合科技创新水平指数达到 80.75%，已经连续 16 年稳居全国前三，城乡面貌和人民生活实现了历史性跨越。

▲ 1949 年 1 月，人民解放军向拒绝和平解放的天津守敌发动总攻，经过 29 小时激战，全歼守敌 13 万余人，活捉守敌指挥官陈长捷。1949 年 1 月 14 日，中国人民解放军攻入天津市区。（新华社发）

▲ 1949 年 1 月 14 日，天津市解放后，我军在街上乘卡车宣传。（新华社发）

▲ 1949 年，天津市和平路。（新华社发）

◂ 1954 年，天津造纸厂的工人下班后，骑着飞鸽牌自行车回家。（新华社记者 岳国芳 摄）

▲ 1994 年，天津海关新办公楼。它坐落于海河岸边，正面为大面积现代玻璃幕墙，上方镶嵌海关关徽，建筑面积 11000 平方米。天津海关始建于清朝咸丰十一年（公元 1861 年），曾被英、日、美等强行把持达 88 年之久，1949 年天津解放后回到人民手中。（新华社记者 李昌元 摄）

▲ 2019 年 1 月 31 日，无人机拍摄的天津中心城区一景。（新华社记者 李然 摄）

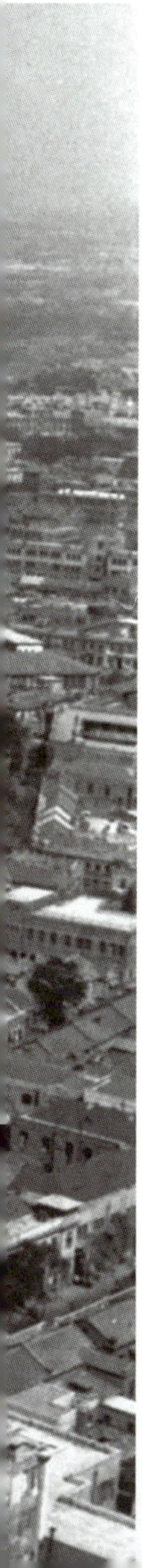

◀ 图为 1973 年，流经天津市的海河景观。（新华社记者 袁汝逊 摄）

1.3 从古都北平到新北京：首都70年影像记忆

这是一座千年古城——拥有3000多年建城史、860多年建都史；

这是一座创新之城——作为全国科技创新中心，集聚了众多高校、科研院所，集聚了无数“智慧大脑”；

这是一座改革之城——作为中国科技体制改革的发源地，这里诞生了第一个国家级高新技术产业开发区、第一个国家自主创新示范区……

从古蓟城、唐幽州城、辽南京城，到金中都城、元大都城、明清北京城，再到中华人民共和国首都，从历史深处走来的北京城砥砺前行70载，昂扬奋进新时代，古老京华大地正在奏响最华美的时代乐章。

时间的年轮回到70年前：

古城北平，宣告和平解放；

首都北京，掀开了它3000多年建城史上最绚丽多彩的一页。

▸ 1948年12月5日，人民解放军发动了规模巨大的平津张国歼战役。经过一个多月的战斗，先后解放了新保安、张家口、天津、塘沽、北平等地。1949年1月31日，北平宣告和平解放。2月3日，人民解放军举行了解放北平的入城仪式。图为1949年，北平解放了，放下武器的傅作义的队伍，喊口号欢迎人民解放军。（齐观山 摄）

▲ 1949 年平津区铁路局的工人欢迎解放军入北平城。（齐观山 摄）

▲ 1949 年北平解放，入城部队进入西四牌楼。（齐观山 摄）

▲ 上图：1949 年 1 月 31 日北平和平解放后，中国人民解放军于 2 月 3 日举行了入城式。这是北平市民在正阳门大街上夹道欢迎参加入城式的人民解放军。（资料照片）

下图：2018 年 2 月 25 日，游客在北京前门大街步行街参观游览。（新华社记者 李欣 摄）

▲ 上图：1954 年拍摄的长安街和王府井大街路口。（新华社记者 蒋齐生 摄）
下图：2019 年 1 月 28 日拍摄的王府井步行街。（新华社记者 鞠焕宗 摄）

▲ 上图：1956 年 2 月 15 日，北京、天津、唐山、保定、石家庄、张家口青年自行车比赛在北京举行。这是比赛结束后，青年们骑车经过东长安街。（新华社记者 孟庆彪 摄）

下图：2019 年 1 月 28 日，汽车行驶在东长安街上。（新华社记者 鞠焕宗 摄）

▲ 上图：1993 年，几辆出租车“面的”从北京饭店前驶过。（资料照片）
下图：2019 年 1 月 28 日，车辆从北京饭店前驶过。（新华社记者 鞠焕宗 摄）

▲ 上图：2010 年 12 月 19 日，媒体记者和首钢职工在首钢第二炼钢厂共同见证最后一炉钢冶炼的情景。（新华社记者 罗晓光 摄）

下图：2019 年 1 月 23 日，位于新首钢高端产业综合服务区的北京 2022 年冬奥会组织委员会办公地点。（新华社记者 鞠焕宗 摄）

▸ 上图：2016 年 9 月 30 日，建设中的北京城市副中心行政办公区工程；
下图：2019 年 1 月 11 日，中国共产党北京市委员会办公楼。当日，北京市级行政中心正式迁入北京城市副中心。（新华社记者 鞠焕宗 摄）

从 1949 年的 2.8 亿元，跃升到 2018 年的 30320 亿元，北京经济总量跑出令人惊叹的增长速度。

补短板、优供给，促消费升级，增有效投资，为应对经济下行压力谋求新动能。

疏功能、促提升，发展高精尖，做强新经济，为超大城市发展转型探索新路径。

党的十八大以来，一场大国首都经济发展方式的重大历史性变革，在京华大地生动上演。

在新发展理念指引下，北京城市发展发生深刻转型，实现了从聚集资源求增长到疏解功能谋发展的重大转变。

北京全市上下坚持“稳中求进”，加快推动高质量发展，深化供给侧结构性改革，经济发展质量继续提高。

跨进新时代，京华起宏图。在中华民族伟大复兴之路上，北京正开启高质量发展新征程，为建设国际一流和谐宜居之都而接续奋斗！

国家记忆

第二篇

经济之脉

2019年，新中国迎来70周年华诞，全面建成小康社会步入关键之年，历史与未来在这里交汇。

风雨砥砺，春华秋实。70年来，中国从封闭落后迈向开放进步，从温饱不足迈向全面小康，从积贫积弱迈向繁荣富强，创造了人类发展史上的伟大奇迹。

发展基础不断筑牢 经济规模连上台阶

70年，在人类发展史上只是弹指一挥间，但中国人民在这个时间段内，创造了波澜壮阔、惊天动地的历史。

这是经济规模连上台阶的70年——

来自国家统计局的数据显示，1952年，我国国内生产总值仅为679亿元。改革开放以来，我国经济快速发展，1986年经济总量突破1万亿元，2000年突破10万亿元大关，超过意大利成为世界第六大经济体，2010年超过日本并连年稳居世界第二。

党的十八大以来，我国综合国力持续提升。近三年，我国经济总量连续跨越70万、80万和90万亿元大关。按不变价计算，2018年GDP比1952年增长175倍，年均增长8.1%。

这是发展基础不断筑牢的70年——

我国粮食总产量由1949年的11318万吨提高到2018年的65789万吨，从“靠天吃饭”，到把饭碗牢牢端在自己手里，农业基础地位不断强化。当今中国已成为拥有联合国产业分类中全部工业门类的国家，200多种工业品产量居世界第一，工业生产能力不断提升。新产业新业态层出不穷，服务业逐步成长为国民经济第一大产业。

这是国际地位显著提升的70年——

我国GDP占世界经济的比重，由1978年的1.8%上升到2018年的近16%。2018年，中国经济增速位居世界前五大经济体之首，对世界经济增长贡献率接近30%，是世界经济增长的最大贡献者。

从一穷二白到世界第二大经济体，中国经济奇迹世界瞩目。

可持续性不断增强 经济发展更有质量

新中国成立70年来，中国经济发展的全面性、协调性和可持续性不断增强，经济发展更有质量。

70年发展，中国经济结构更优。

我国产业结构发生深刻变化，实现了由农业为主向三次产业协同发展的转变；需求结构持续改善，实现了由需求疲弱向“三驾马车”协同发力的转变；区域发展空间逐步拓展，新的增长极增长带不断形成，区域结构优化重塑。

70年发展，中国经济动力更强。

从“东方红”卫星到“天宫”游太空，从国产航母下水到“蛟龙”深海探秘，中国创新实力持续跃升。

研发人员总量居世界第一，“2018全球创新指数”排名升至第17位，发明专利申请量和授权量居世界首位……今天的中国，创新已经成为发展的第一动力。

70 年发展，中国经济空间更广。

从大规模“引进来”到大踏步“走出去”，再到共建“一带一路”，我国对外开放广度和深度显著拓展。

2018 年，货物进出口总额达到 4.6 万亿美元，比 1978 年增长 223 倍。同时，利用外资量增质优，成为全球投资热土。2018 年，我国实际使用非金融类外商直接投资 1350 亿美元，比 1983 年增长 146 倍，连续两年成为全球第二大外资流入国。

70 年发展，中国经济后劲更足。

2018 年，我国市场主体突破 1 亿户，创业热情持续激发。展望未来，我国有近 14 亿人口、9 亿劳动力、1.7 亿受过高等教育和拥有技能的人才资源、全球最大的中等收入群体，中国经济高质量发展的道路一定会越走越稳、越走越宽。

民生福祉极大提升 经济发展更有温度

为人民谋幸福，是共产党人永恒不变的初心。

新中国成立 70 年来，我国始终把增进民生福祉作为经济发展的出发点和落脚点，人民群众的获得感、幸福感、安全感不断增强。

——贫困人口大幅减少，人民生活实现历史性飞跃。

新中国成立初期，国家积贫积弱，人民普遍贫困。按照 2010 年标准，1978 年末我国农村贫困人口高达 7.7 亿人。经过多年不懈奋斗，贫困人口显著减少，贫困发生率持续下降。

党的十八大以来，脱贫攻坚取得显著成就。2018 年末我国农村贫困人口减少至 1660 万人，过去 6 年共减少 8239 万人。我国农村从普遍贫困走向整体消灭绝对贫困，对全球减贫贡献超过 70%。

——居民收入持续增加，消费水平不断提高。

新中国成立之初，居民收入和消费水平都很低。1949 年，我国居民人均可支配收入仅为 49.7 元，2018 年达到 28228 元，扣除物价因素实际增长近 60 倍。

随着收入较快增长，居民消费能力显著提升。2018 年，我国居民人均消费支出达到 19853 元，扣除物价因素比 1956 年实际增长 28.5 倍。

——社会保障不断加强，织就广覆盖的民生安全网。

新中国成立初期，我国社会保障尚属空白。改革开放以来，我国社会保障制度逐步建立，覆盖面持续扩大。党的十八大以来，多层次社会保障体系加快构建，社会保障水平稳步提高。

2018 年末，全国参加城镇职工基本养老保险人数 41848 万人，比 1989 年末增加 36138 万人；基本养老保险覆盖超过 9 亿人，医疗保险覆盖超过 13 亿人，基本实现全民医保。

70 年披荆斩棘，70 年风雨兼程。回望过去，中国经济创造奇迹、不断跃升；展望未来，中国经济仍将破浪前行、行稳致远。

2.1 工业区域：从老工业基地到科技园区

新中国成立之初我国工业部门十分单一，只有采矿业、纺织业和简单加工业，大量工业产品依赖进口。新中国成立后，拉开了我国工业化的大幕，20 世纪 50—70 年代，我国初步建成独立的比较完整的工业体系，为之后的工业发展打下了宝贵基础。改革开放以来，我国工业发展进入腾飞期，2012 年工业增加值比 1978 年实际增长 38.2 倍。党的十八大以来，我国工业生产能力日益增强，并逐步向中高端迈进。2013—2018 年，我国高技术产业、装备制造业增加值年均分别增长 11.7% 和 9.5%。目前，我国已成为拥有联合国产业分类中全部工业门类的国家，200 多种工业品产量居世界第一，制造业增加值自 2010 年起稳居世界首位。2018 年，我国原煤产量为 36.8 亿吨，比 1949 年增长 114 倍；钢材产量 11.1 亿吨，增长 8503 倍；水泥产量 22.1 亿吨，增长 3344 倍。电子信息产业应运而生，实现快速发展。2018 年，移动通信手持机和微型计算机设备产量分别达到 18.0 亿台和 3.1 亿台。

▲ 上图：20 世纪 50 年代沈阳市铁西区工人新村一角；
下图：2007 年 6 月拍摄的沈阳铁西新区。（资料照片）

▲上图为 20 世纪 50 年代的第一汽车制造厂厂区；下图为 2019 年 6 月 12 日无人机拍摄的一汽厂区全景。（新华社记者 许畅 摄）

▲ 1953 年 11 月 30 日下午，鞍钢大型轧钢厂开始热试轧，胜利地轧出了第一根大型钢材。这是钢坯正穿过轧钢机的情形。（新华社记者 王纯德 摄）

▲ 图为 2019 年 7 月 4 日无人机拍摄的鞍钢主厂区。新中国第一炉火红的铁水在这里奔流、第一架喷气式歼击机自这里腾空、第一艘万吨巨轮从这里驶向远洋……新中国的工业化进程在此起步。（新华社记者 潘昱龙 摄）

▶ 上图为 20 世纪 50 年代拍摄的第一批红旗轿车生产线；下图为 2019 年 4 月 9 日，在一汽红旗总装车间内，一汽红旗职工在对生产的红旗轿车进行静检作业。（新华社记者 许畅 摄）

▲图为 1969 年，崇山深处汽车城第二汽车制造厂的一角。（新华社发）

▲ “东风”5 吨载重汽车是二汽人用自己的双手和智慧打造的第一款中型卡车，它的名字叫“东风 140—1”，已经载入中国汽车工业的史册。（资料照片，新华社发）

▲2009 年 9 月 21 日，东风汽车公司十堰基地重型车生产线。（新华社记者 郝同前 摄）

▲ 2019 年 7 月 24 日，在北京首钢园区俯瞰北京冬奥组委办公区。（新华社记者 鞠焕宗 摄）

▲ 2011 年 4 月 21 日，北京中关村广场夜景。中关村国家自主创新示范区起源于 20 世纪 80 年代初的“中关村电子一条街”；1988 年 5 月，国务院批准成立北京新技术产业开发试验区（中关村科技园区前身），由此中关村成为中国第一个高科技园区和中国经济、科技、教育体制改革的试验区；1999 年 6 月，国务院要求加快建设中关村科技园区；2005 年 8 月，国务院做出关于支持做强中关村科技园区的决策，并于 2006 年批准了中关村科技园区新的规划范围，逐步成为“一区十园”跨行政区域的高端产业功能区，并辐射全国。（新华社发）

▲2017 年 11 月 4 日，建设中的广东珠海横琴新区（左上方为澳门）。（新华社记者 卢汉欣 摄）

2.2 国有企业：从国营经济到新时代国企改革

1949 年 9 月 29 日，中国人民政治协商会议第一届全体会议通过了《中国人民政治协商会共同纲领》（简称《共同纲领》），提出：“国营经济为社会主义性质的经济。凡属有关国家经济命脉和足以操纵国民生计的事业，均应由国家统一经营。凡属国有的资源和企业，均为全体人民的公共财产，为人民共和国发展生产、繁荣经济的主要物质基础和整修社会经济的领导力量。”在新中国成立前后，正是在这一方针指导下，国有企业及其管理体制迅速地形成了。

当时主要通过没收官僚资本、继承解放区公营经济和征用外资企业和政府创办新企业等途径，初步建立起了能够控制国计民生的国有经济。由于国有经济在新民主主义制度中被确定为经济中的主导力量，它不仅担当着恢复国民经济的重任，而且担当着在未来建设社会主义的重任。因此，优先发展、壮大国有经济就成了中华人民共和国成立后的重要任务之一。

◀ 没收官僚资本，摧毁帝国主义对中国经济的控制，是共和国成立初期新解放城市的一项重要任务。到 1950 年初，合计接管官僚资本的工矿企业 2800 余家，金融企业 2400 余家。它们是中华人民共和国成立初期国营经济的主要部分。图为唐山市开滦煤矿职工集会庆祝中央人民政府代管开滦煤矿。（资料照片）

▶ 天津市第一棉织生产合作社马达带动的打穗机，代替了过去手摇的纺纱机，工作效率提高了 10 多倍，质量也有所提高。图为 1954 年，社员陈桂珍正在换线的情形。（新华社记者　岳国芳　摄）

▲ 1956 年 7 月，第一批国产解放牌载重汽车开出长春第一汽车制造厂报喜的时候，全厂职工夹道欢呼。（资料照片）

▶ 1986 年 8 月 3 日，连续亏损多年的沈阳防爆器械厂被宣告破产，那里的 70 多名职工也随之成为新中国国有企业第一批下岗人。沈阳防爆器械厂破产所产生的震撼力，似一颗响雷，给落后的企业以警醒，把一向忽视市场规律和竞争机制的国有企业从理想带回了现实。（郑鸣　摄，新华社发）

我国实行改革开放以来，国有企业改革一直是整个经济体制改革的中心环节。对大中型国有企业，先后实行了扩大企业自主权，推行承包制、股份制等改革探索，取得了一定效果。党的十四大明确建立社会主义市场经济体制的改革目标后，从 1994 年起，国有企业改革开始进入转换经营机制、建立现代企业制度的阶段。

▶ 图为 1993 年，“乘龙”轻型车总装车间。柳州汽车厂根据市场需求，及时调整产业结构，在继续生产市场畅销的“东风”系列货车的同时，引进台资，生产技术含量高、市场前景广的“乘龙”LZ6400 轻型面包车，在市场上十分畅销。（新华社记者 谢家华 摄）

◀ 1993 年，江西九江石油化工总厂转换企业经营机制，不等不靠分配指标，面对市场“找米下锅”，在国内石油加工紧缩情况下，积极开拓海外原油加工业务，使生产保持了稳步增长。图为炼油厂一角。（新华社记者 刘继伍 摄）

▶ 图为 1998 年，与日本三洋合资的三洋制冷有限公司装配车间一角。16 年间，大连冰山集团从一个单一生产制冷设备的中型企业发展成拥有 30 家全资子公司、控股公司、中外合资企业的大型企业集团，在中国内地国有企业改革中十分引人注目。该公司 1997 年实现利润 1 亿元，人均产值达 150 万元。（张小龙 摄，新华社发）

▲ 1999 年 4 月，由原斯普瑞克自行车厂置换而成的长安商城。天津市在深化国有企业改革中，将生产不景气却有地理优势的国有企业用“腾笼换鸟”的方式置换成商业企业，既方便了顾客又搞活了企业。（新华社记者 李昌元 摄）

► 2003 年 9 月 1 日，东风汽车公司十堰商用车基地的工人在安装汽车组件。国有特大型骨干企业东风汽车公司通过一系列跨国合作，引进外资对老工业基地进行重组改造，起死回生，重新跻身国内汽车业三强。（新华社记者 郝同前 摄）

▲ 2005 年 6 月 3 日，经过改革、重组和改造后的沈阳机床集团数控机床生产车间。（新华社记者 任勇 摄）

◀ 图为 2011 年拍摄的在沙特麦加运行的朝觐轻轨车。中国北车长客股份公司践行“接轨世界，牵引未来”之理念，向全球市场进军。（新华社发）

▲ 2016 年 3 月 28 日，沈阳机床集团机床生产车间。（新华社记者　杨青　摄）

▲ 2018 年 5 月 11 日，位于青岛的海尔董事局新大楼。今天的海尔已在全球建立 10 大研发中心、108 个制造工厂，产品遍及全球 160 多个国家和地区。（新华社记者　李紫恒　摄）

▲ 2018 年 3 月 23 日，中车唐山机车车辆有限公司的工人在动车组生产线上工作。河北省唐山市中车唐山机车车辆有限公司（简称唐车）建于 1881 年，改革开放以来，唐车走过了国企改革从奠基、起步、发展到壮大的历程。其发展历程，是我国改革开放 40 年来，铁路装备制造业实现高质量发展的缩影。（新华社记者　杨世尧　摄）

2.3 从计划经济到社会主义市场经济

社会主义能否搞市场经济，计划多一些还是市场多一些，如何让政府和市场充分发挥各自优势？这些问题，曾经长期困扰着我们。70 年来，党领导人民不断深化对社会主义建设规律的认识，成功找到中国特色社会主义经济发展道路。这是一部思想解放史、实践探索史。

新中国成立后，实行高度集中的计划经济，有照搬苏联经验的一面，但很大程度上是根据当时中国的现实需要做出的选择。在一穷二白的条件下，采取统一的计划管理体制，对于合理配置有限的资源，迅速建立起工业化初步基础，具有历史性作用。

◀ 图为北京市崇文区（已并入东城区——编者注）手工业者在加入手工业生产合作社登记站里踊跃地递交申请入社登记表。（资料照片，新华社发）

▼ 1956 年 1 月 29 日，广州市各界 30 万人分区举行庆祝社会主义改造胜利联欢大会。（新华社发）

把计划经济看作社会主义的基本特征，否定市场经济在社会主义制度下存在和发展的可能性，成为相当长一段时间里不容置疑的原则。然而，随着经济社会发展，计划体制的弊端日益明显暴露出来：政企职责不分、条块分割，国家对企业统得过多过死，分配中平均主义严重，严重束缚了各方面的积极性和主动性，使本应生机盎然的社会主义经济失去活力。

计划经济的老路行不通，经典著作上也找不到答案，中国该往何处去？理论和实践呼唤着突破。1978 年 12 月，党的十一届三中全会提出改革开放，开始了从计划经济到社会主义市场经济的不懈探索。

▶ 1980 年 6 月 2 日，上海街头巷尾恢复了一批经营杂货的个体经济小店，深受群众欢迎。这些小店大多是夫妻二人经营，清早开门，晚上也营业，给群众日常生活带来了便利。（新华社记者 郑震孙 摄）

▲ 1984 年 10 月 20 日，党的十二届三中全会在北京召开。会议通过的《中共中央关于经济体制改革的决定》，实现了我们党经济理论上的重大突破。（新华社发）

▲ 1986 年 7 月 10 日，中国正式提出关于恢复在世界贸易组织前身——关税与贸易总协定（GATT）缔约方地位的申请。图为关贸总协定的成员在日本东京开会。（资料照片，新华社发）

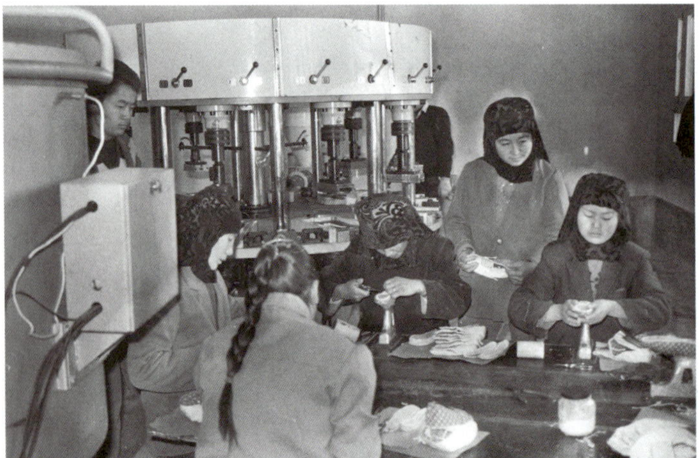

◀ 青海省第一家个体鞋厂——化隆县青华鞋厂，1992 年 11 月中旬建成投产，年生产能力为 50 万双布鞋、运动鞋和皮鞋。（新华社记者 王精业 摄）

▶ 1996 年 10 月，上海高智科技开发公司由 46 名青年科技人员以 30 万元注册资金起家。他们以承担上海证券交易所的卫星通信系统工程起步，开发了“上海证券交易的卫星数字广播系统，为上海成为中国的证券、金融中心提供了关键的技术保证。（任珑 摄，新华社发）

▲ 1998 年 9 月 19 日，浙江省个体经济成就暨精品展在杭州拉开帷幕。当时，浙江全省已有 391 万多人从事个体私营经济，私营企业 9 万多家。（新华社记者 蔡志培 摄）

◂ 2003年11月4日，股民在申银万国福州证券营业部进行股票交易。“市场”一词对于中国人来说已不再陌生。除了粮食期货市场、农产品市场、劳动力市场，还有诸如产权市场、专利市场、房地产交易市场、股票市场、基金市场等。（新华社发）

▸ 2006年6月19日，长城皮卡在天津装船出口。河北保定长城汽车股份有限公司（简称长城汽车）乘改革开放的东风，由当初不足百人的乡镇小厂发展为国内大型皮卡专业厂，成为我国民营车企的“领跑者”。（新华社记者 杨世尧 摄）

▸ 2019 年 5 月 6 日，在第二届数字中国建设成果展上，广州一家公司的工作人员（左）在介绍 AI 人工智能消费者行为识别。（新华社记者　林善传　摄）

▸ 2011 年 1 月 7 日，在美国内华达州拉斯维加斯举行的 2011 年国际消费电子展上，参观者驻足于中国海尔公司的展台前。此次消费电子展迎来 267 家中国参展商。在展会期间发布的《消费电子》杂志称，以中国为代表的新兴市场经济体的消费电子品牌成为本次展会的一大亮点。（新华社记者　朱立毅　摄）

70 年的探索实践说明，市场决定资源配置是市场经济的一般规律，完善社会主义市场经济体制必须遵循这一规律；市场在资源配置中起决定性作用，并不是起全部作用，社会主义市场经济体制中，市场作用和政府作用是相辅相成、相互促进、互为补充的。正确处理政府和市场关系，把“看不见的手”和“看得见的手”的作用都发挥好，就能极大激发广大人民群众的创造性，极大解放和发展社会生产力，极大增强社会发展活力，这是中国特色社会主义制度的一大优势。

2.4 开放国门搞建设

新中国成立70年来，我国坚持独立自主的和平外交政策，积极与世界各国发展友好合作，特别是改革开放以来，抓住全球化机遇，从大规模“引进来”到大踏步“走出去”，再到共建“一带一路”，对外开放广度和深度显著拓展。

一、贸易大国地位日益巩固，货物贸易规模跃居世界首位。新中国成立初期，我国外贸落后失衡，进出口规模十分有限。1950年，货物进出口总额仅为11.3亿美元。20世纪50—70年代，进出口略有扩大但仍处于较低水平。1978年货物进出口总额为206亿美元，居世界第29位。改革开放以来特别是2001年正式加入世界贸易组织后，我国对外贸易快速发展。2018年，货物进出口总额达到4.6万亿美元，比1978年增长223倍，连续两年居世界首位；服务进出口总额7919亿美元，比1982年增长168倍，居世界第2位。党的十八大以来，我国坚定支持多边贸易体制，积极推进贸易投资自由化便利化，多边经贸关系和区域经济合作全面发展，共建“一带一路”效果显现。2016—2018年，我国与“一带一路”沿线国家货物进出口增速持续快于全部进出口。

二、引进外资大幅增加，日益成为吸引全球投资的热土。新中国成立初期直至20世纪70年代，我国利用外资渠道单一、规模很小。改革开放以来，我国市场准入不断放宽，投资环境持续优化，引进外资规模大幅增加。2018年，我国实际使用非金融类外商直接投资1350亿美元，比1983年增长146倍，年均增长15.3%，连续两年成为全球第二大外资流入国；1979—2018年，累计吸引非金融类外商直接投资20343亿美元。其中党的十八大以来，我国加快推进高水平对外开放，全面落实准入前国民待遇加负面清单管理制度，引进外商直接投资领域不断拓展，服务业逐渐成为外商投资的新热点，2018年服务业吸收外资占比达68.1%。

三、对外投资层次和水平不断提升，参与国际分工能力明显加强。新中国成立以来至20世纪70年代，我国只有少数企业开展对外交流。改革开放以来，外贸迅速发展，带动了企业逐步走出去。进入新世纪，我国企业对外投资步伐明显加快。2018年，我国非金融类对外直接投资1205亿美元，比2003年增长41.3倍，年均增长28.4%。党的十八大以来，共建“一带一路”促进了设施联通和贸易畅通。2018年我国对“一带一路”沿线56个国家非金融类直接投资156亿美元，占非金融类对外投资总额的13%。

► 中国商品展览会1955年11月30日在日本大阪举行盛大的开幕典礼。图为中国商品展览会在日本大阪举行开幕式的情形。（新华社记者 刘庆瑞 摄）

▼ 1956年11月10日，中国国际贸易促进委员会主办的中国出口商品展览会在广州中苏友好大厦开幕。图为开幕时的盛况。（新华社记者 杜修贤 摄）

▲ 1962 年 10 月 15 日，中国出口商品交易会在广州开幕。这是中国各进出口公司联合举办的第 12 次交易会。会上展出了 200 多件商品，包括机械、仪器、五金矿产、轻工业品、手工艺品等。（王南 摄，新华社发）

▲ 中美合资经营的“北京美国肯德基家乡鸡快餐厅”于 1987 年 9 月 29 日开始试营业。这是中国第一家专门经营美国肯德基家乡鸡的快餐厅。图为地处北京前门大街的美国肯德基家乡鸡快餐厅外景。（新华社记者 韩晓华 摄）

▲ 1992年1月8日至15日，首届中国外资企业出口商品交易会在福建省厦门经济特区富山展览城举行。为期8天的交易会上，出口成交额达2.98亿美元，内销订货达5.87亿元，签订投资项目、合同协议、意向书共222份。（新华社记者 黄兴泉 摄）

▸ 1994年1月15日，中国汽车行业第一家中外合资企业——北京吉普汽车有限公司庆祝开业十周年。这是公司总经理克莱伯斯先生在庆祝会上亲自将这家企业在第二个十年生产的首辆“切诺基”吉普轿车开下生产线。（新华社记者 喻惠如 摄）

▲ 2014 年 5 月 22 日，在美国纽约纳斯达克交易所附近，一块大屏幕显示出京东上市的消息。当天，中国最大的自营式电商企业——京东集团在美国纳斯达克证券交易所挂牌交易，股票代码为“JD”。京东本次公开发行共募集 17.8 亿美元，是当时为止中国企业在美融资规模最大的首次公开募股。（新华社记者 王雷 摄）

◀ 图为法国标致雪铁龙集团首席执行官菲利普·瓦兰（右）2014 年 2 月 19 日在法国巴黎举行的法国政府和中国东风汽车公司等额入股法国标致雪铁龙集团的记者会上介绍集团 2013 年财务状况。（新华社记者 陈晓伟 摄）

▲ 2014 年 11 月 6 日，在巴西圣保罗，观众参观展出的奇瑞“瑞虎 5”汽车。（新华社记者 徐子鉴 摄）

▲ 2014 年 12 月 17 日，在尼日利亚拉各斯，来宾在广汽集团 4S 店前交谈。广汽集团通过独家代理商倬亿国际当日在尼日利亚开设首家 4S 店，并获得 2015 年在尼日利亚开办散件组装（SKD）厂的许可。（新华社记者 张保平 摄）

◂ 2017 年 5 月 3 日，在印度新德里城郊 Paytm 总部，中国蚂蚁金服的吴晖使用 Paytm 客户端扫码付款。（新华社记者 毕晓洋 摄）

▸ 2016 年 1 月 9 日， 由安徽江淮汽车股份有限公司生产的 350 台汽车在江苏连云港码头装船出口巴西。（王春 摄，新华社发）

◂ 2016 年 1 月 17 日，坐落于北京金融街的亚洲基础设施投资银行总部大楼正式投入使用。（新华社记者 李鑫 摄）

▶ 1915 年，五粮液顺江而下，远渡重洋，沿着“海上丝绸之路”，首赴巴拿马万国博览会，在世博会舞台上散发出醉人的浓郁醇香，在世界酒史上奠定了中国品牌的光辉形象。图为捷克“2018 中国投资论坛”唯一受邀白酒五粮液。（新华社记者 毛丽丽 摄）

▲ 2018 年 6 月 28 日，中哈霍尔果斯国际边境合作中心。（新华社记者 赵戈 摄）

▲ 2018年8月28日，在埃及苏伊士运河之畔的泰达工业园区，埃及工人在中国巨石埃及玻璃纤维股份有限公司（巨石埃及）生产车间内工作。（新华社记者 孟涛 摄）

▲2018年9月4日，一列从呼和浩特至中亚方向的中欧班列在沙良物流园整装待发，工作人员在吊装集装箱。（新华社记者 彭源 摄）

▲ 2019 年 8 月 1 日，在新西兰奥克兰拍摄的收购交割仪式现场。中国伊利集团 2019 年 8 月 1 日在新西兰奥克兰宣布，通过其全资子公司香港金港商贸控股有限公司完成对新西兰第二大乳业合作社威士兰乳业 100% 股权的收购。（新华社发）

▲ 2019 年 7 月 25 日，商家在上海绿地全球商品贸易港里展示进口商品。（新华社记者 陈飞 摄）

2.5 财富力量 源头活水

新中国成立初期，我国财政十分困难。1950 年全国财政收入仅为 62 亿元，1978 年增加到 1132 亿元。改革开放以来，随着经济快速发展，财政收入大幅增长，1999 年全国财政收入首次突破 10000 亿元。进入新世纪后，财政收入实现连续跨越，2012 年达到 117254 亿元。党的十八大以来，财政收入继续保持较快增长，2018 年达到 183352 亿元。1951—2018 年，全国财政收入年均增长 12.5%，其中 1979—2018 年年均增长 13.6%，为促进经济发展、改善人民生活提供了有力的资金保障。20 世纪 50—70 年代，我国外汇储备相当紧张，1952 年末外汇储备只有 1.08 亿美元，1978 年末也仅为 1.67 亿美元，居世界第 38 位。改革开放以来，我国外汇储备稳步增加，2006 年末突破 1 万亿美元，超过日本居世界第一位。2018 年末，外汇储备余额为 30727 亿美元，连续 13 年稳居世界第一。

▲ 1955 年 2 月 21 日，上海机床厂大件车间工人兴奋地在看解放日报刊载的新人民币票样。（新华社记者 曹兴华 摄）

▲ 中国人民银行从 1980 年 4 月 15 日起发行壹角、贰角、伍角和壹元四种金属人民币。四种金属币的正面有国徽图案，下方有“中华人民共和国”字样，“壹元”有公元年号，呈银灰色，其他三种呈金黄色。壹元的背面为长城图案，下方有“壹圆”字样。其他三种币的背面分别有“壹角”“贰角”“伍角”字样和阿拉伯数码，周围有麦穗，下方有齿轮和公元年号。（新华社记者 李基禄 摄）

▲ 1983 年发行的新中国成立以来第一张股票样本。20 世纪 80 年代以后，中国金融业、证券市场发展迅速，投融资渠道进一步扩大，不仅改变了单一的计划投资体制，而且使越来越多的百姓成为投资者。（新华社发）

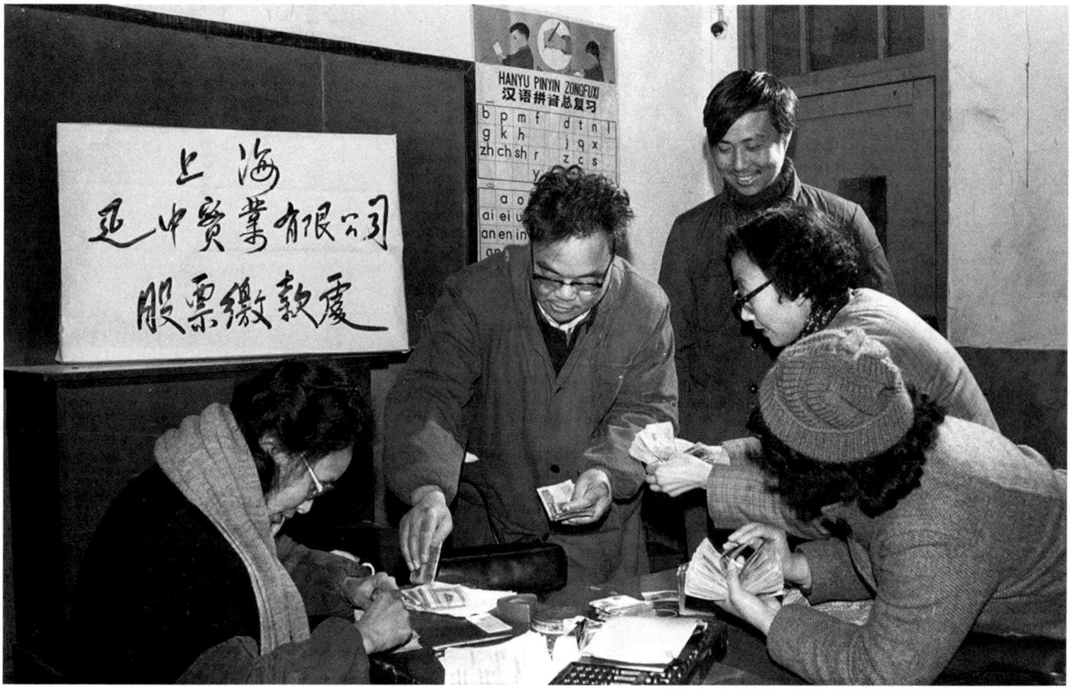

▲ 上海延中实业有限公司首次发行股票总值 500 万元人民币。每股五十元，分企业认购的集体股和个人股两种。截至 1985 年 1 月 25 日，该公司已卖出总值 280 余万元的股票。图为股票认购者正在向延中实业有限公司交付股票现金。（新华社记者 柳中央 摄）

► 根据中华人民共和国国务院的命令，中国人民银行自 1987 年 4 月 27 日起在全国陆续发行一套新版人民币。新版人民币面额：主币有一元、二元、五元、十元、五十元和一百元六种；辅币有一角、二角、五角三种。图为新版人民币十元、五元、二元、一元、五角、二角、一角正面。（新华社发）

▲ 由辽宁沈阳市信托投资公司试办的我国第一家债券、股票交易市场于 1986 年 8 月 5 日在沈阳市正式开业，办理债券买卖转让业务。开业第一天，有 400 多人参加交易，成交额达 2.2 万多元。开办债券、股票交易市场。沈阳市为发展金融市场、搞活资金流通所做的尝试。（新华社记者　李永宏　摄）

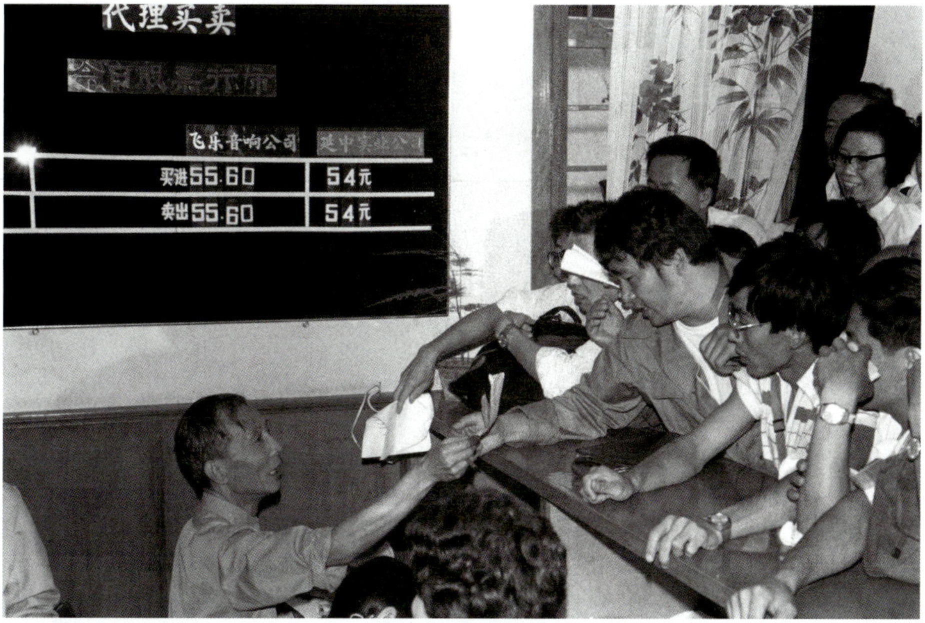

▲ 1986 年 9 月 26 日，中国工商银行上海信托投资公司静安区分公司正式代理个人股票买卖业务。这使绝迹 30 多年的股票买卖业务在上海重新出现，从而活跃了上海金融市场。图为市民踊跃购买股票。（新华社记者 柳中央　摄）

▲ 香港股票联合交易所于 1986 年 4 月 2 日正式开业。这个占地 2300 多平方米，投资 8000 多万元港币建成的交易所，坐落在香港岛的中区交易广场大厅内。图为香港股票联合交易所的经纪人接到客户的电话，用电脑替客户买卖股票。（新华社记者 黄本强 摄）

► 北京中国银行总行新厦于 1987 年 3 月 2 日正式对外营业。当时的中国银行是中国国家对汇专业银行，是中国国务院直属的经济实体。它负责统一经营国家外汇资金，统一办理国家外汇收支；经营一切外汇业务及有关人民币业务。（新华社记者 薛铁军 摄）

▶ 1987年4月8日，经中国人民银行批准，由招商局集团创办的招商银行在深圳蛇口工业区开业。招商银行成为新中国成立以来第一家由企业创办的银行。图为2008年10月8日，招商银行行长马蔚华（右）在招行纽约分行开业仪式上向首批客户颁发证书。（新华社发）

▲ 1987年8月28日，由日本劝业角丸证券株式会社和浙江省国际信托投资公司联合在杭州开办国际金融讲习会。参加讲习的有中外有关专家和工作人员40多人。与会者听取了日本有价证券市场及世界各国的金融业务介绍和论述。（新华社记者 蔡志培 摄）

▲ 中国第一家证券交易所——上海证券交易所于 1990 年 11 月 26 日宣告成立并于 12 月中旬正式开业。图为上海证券交易所成立大会会场。（资料照片，新华社发）

▼ 2010 年 12 月 15 日，创业板公司新上市公司代表敲响上市钟。（新华社记者　王浩明　摄）

如今，我国沪深两市的股票账户近 2 亿户，拥有一个由 3700 多家上市公司组成、总市值高达 50 万亿元的全球第二大股票市场；我国已经形成了企业债、公司债、银行间票据与短期融资券等多种产品组成的债券市场，债券市场规模已经超过 80 万亿元，已成为全球第二大债券市场；我国期货市场的商品期货成交量已经连续 8 年位居世界第一。

◀ 2014 年 4 月 10 日，香港交易及结算所有限公司（香港交易所）主席周松岗（右二）在新闻发布会上。当日，香港交易及结算所有限公司（香港交易所）主席周松岗表示，香港与上海股票市场交易互联互通机制的建立，标志着中国资本市场对外开放踏出一大步，这也是香港金融发展史上一个重要里程碑。（新华社记者 吕小炜 摄）

▶ 2019 年 6 月 13 日，上海证券交易所科创板开板仪式在陆家嘴论坛上举行。这是中国证监会主席易会满在开板仪式上致辞。（新华社记者 方喆 摄）

国家记忆

第三篇
当家作主

3.1 人民代表大会制度：书写民主法治的辉煌篇章

1954 年 9 月 15 日，第一届全国人民代表大会第一次会议在北京举行，标志着人民代表大会制度在全国范围内建立起来，中国人民找到了实现民主权利的制度载体。这是我们国家政治文明发展史上的一个伟大跨越，是中国共产党把马克思主义基本原理同中国具体实际相结合的伟大创造。

新中国成立以来，我国探索和形成了人民代表大会制度、中国共产党领导的多党合作和政治协商制度、基层群众自治制度等多种社会主义民主的实践形式，为人民行使当家作主的权利提供了有效途径。在中国特色社会主义道路上，人们能清晰地听到民主政治的铿锵足音。

改革开放以来，中国共产党完善党的领导体制，发展党内民主，废除领导干部职务终身制，建立国家公务员制度和任命制、选举制、竞聘制并存的干部选拔体制，并以党内民主带动人民民主，实行基层群众自治，推动城乡同权的选举制度改革，扩大公民有序政治参与，加强对权力运行的监督和制约，建立完善预防和惩治腐败体系……一系列举措推动政治文明建设不断向前发展。

党的十八大以来，以习近平同志为核心的党中央团结带领全国各族人民坚定不移走中国特色社会主义政治发展道路，坚持党的领导、人民当家作主、依法治国有机统一，推进社会主义民主政治建设，推动人民代表大会制度与时俱进，人民代表大会制度的根本政治制度作用得到更好发挥，中国特色社会主义民主政治的优越性得到充分彰显。

◀ 北京市基层选举实验区西单区于 1953 年 12 月 6 日投票选举。图为北京市西单区未英胡同选区的儿童们组织了腰鼓队庆贺选举日。（新华社记者 毛松友 摄）

▶ 1954年9月15日，北京，怀仁堂。第一届全国人民代表大会开幕。（新华社记者 刘东鳌 摄）

▸ 1954 年 9 月，第一届全国人民代表大会第一次会议在北京召开。图为北京郊区农民收听会议实况转播的情形。（新华社记者 张瑞华 摄）

◂ 1954 年，北京，天安门广场。首都人民庆祝《中华人民共和国宪法》颁布。（新华社记者 张瑞华 摄）

▸ 1979 年 12 月 30 日，广西壮族自治区龙胜各族自治县的选民，按照《中华人民共和国全国人民代表大会和地方各级人民代表大会选举法》，采取无记名投票方式，直接选举县、社两级人民代表。（新华社发）

▴ 1990 年 3 月，工作人员在七届全国人大三次会议上首次使用监视电子表决系统的运转情况。这套电子表决系统有报到、表决和即席发言 3 种功能。（新华社记者 汤孟宗 摄）

▲ 1987 年 4 月，北京朝阳门街道大方家胡同选区的工作人员在贴选民榜。（新华社发）

▶ 上图为 1954 年，全国人大代表申纪兰参加第一届全国人大第一次会议。（新华社记者 曹兴华 摄）
下图为 2019 年 3 月 6 日，在十三届全国人大二次会议山西代表团会议间隙，申纪兰（右）与王雅丽代表交流。（新华社记者 殷刚 摄）

▲ 2005 年 9 月 27 日，全国人大常委会在北京举行全国人大成立以来的首个立法听证会，就个人所得税工薪所得减除费用标准听证会在北京举行。来自不同社会阶层，包括工人、农民工在内的代表们在听证会上，向最高立法机关坦承自己的观点。这次听证会被看作是最高立法机关在立法工作中坚持“开门立法”、问计于民的重大创新。这一天，在中国立法史上有着重要意义：最高立法机关“开门立法”，让每一个人的智慧都能在立法中闪光 。（新华社记者 李晓果 摄）

◂ 2010 年 3 月，十一届全国人大三次会议表决通过了关于修改选举法的决定，规定按城乡人口 1 ： 1 分配代表名额，首次实现城乡选举“同票同权”。（新华社记者 饶爱民 摄）

党的十八大为我国政治发展道路与政治体制改革描绘蓝图：必须继续积极稳妥推进政治体制改革，发展更加广泛、更加充分、更加健全的人民民主。必须坚持党的领导、人民当家作主、依法治国有机统一……从加强立法工作的科学化、民主化，到努力让人民群众在每一个司法案件中感受到公平正义；从人民有序参与国家事务的手段不断丰富，到全体公民学法遵法守法用法的自觉性进一步增强……在带领人民实现中国梦的征程上，我们党推动民主政治建设的决心与力量始终坚定。

▲ 2018 年 3 月 11 日，十三届全国人大一次会议，全国人大代表卓嘎、刘蕾在“代表通道”接受采访。（新华社记者 王建华 摄）

▲ 2019 年 3 月 12 日，全国人大代表在十三届全国人大二次会议会。（新华社记者 燕雁 摄）

3.2 人民政治协商会议：建言资政和凝聚共识

中国人民政治协商会议是中国共产党领导中国人民长期革命斗争的胜利结果，是中国共产党同各民主党派、无党派人士共同开创的事业。新中国的诞生为人民政协在国家政治体制和政治生活中发挥作用提供了广阔的空间和舞台。人民政协作为中国人民最广泛的爱国统一战线组织，作为中国共产党领导的多党合作和政治协商的重要机构，作为发扬社会主义民主的重要形式，为推进中国革命、建设和改革事业发挥了不可替代的作用，创造了不可磨灭的业绩。

那些铿锵有力的声音，那些民主协商的细节，那些团结奋进的身影，那些神圣庄严的时刻，都汇聚成中华民族的最壮美的华彩乐章……

◀ 1949 年 9 月 21 日，中国人民政治协商会议第一届全体会议开幕。（新华社记者 陈正青 摄）

▶ 1949 年 9 月 21 日至 30 日，肩负协商创建新中国历史重任的中国人民政治协商会议第一届全体会议在北平召开。会议决定，中华人民共和国的国都定于北平，将北平改为北京；采用公元纪年；以《义勇军进行曲》为代国歌；国旗为五星红旗。图为中国人民政治协商会议第一届全体会议会场。（资料照片）

▲ 1949 年出席全国政协第一届全体会议的代表举手通过《中国人民政治协商会议共同纲领》。（新华社记者 林杨 摄）

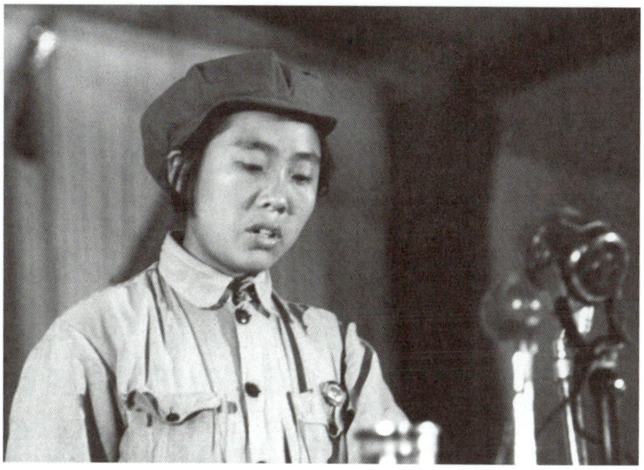

▲ 中国人民政治协商会议第一届全体会议上，中华全国民主青年联合会代表范小凤发言。（侯波 摄，新华社发）

▲ 中国人民政治协商会议第一届全体会议上，特别邀请代表梅兰芳发言。（新华社发）

▸ 1949 年 9 月 21 日到 30 日，中国人民政治协商会议第一届全体会议在北平举行，宋庆龄作为特邀人士在签名处签到。（陈正青 摄，新华社发）

▲ 中国人民政治协商会议第一届全国委员会第二次会议，于 1950 年 6 月 14 日至 23 日在北京举行。出席此次会议的有全国委员会委员 149 人，及不兼全国委员会委员的中央人民政府委员 25 人。列席会议的有由全国委员会常委会协商特邀请的人士 38 人，地方政治协商委员会代表 46 人，以及中央人民政府各部门负责人，全国委员会工作人员，地方人民政府负责人，人民解放军军区及直属兵团负责人，驻外国的代表使节等共 1644 人。图为 1950 年 6 月 15 日，政协委员分组讨论土地改革问题。（新华社发）

▲ 人民政协第一届全国委员会第二次会议于 1950 年 6 月 14 日至 23 日在北京举行。全体代表一致在原则上通过中华人民共和国土地改革法草案，建议中央人民政府委员会审核通过后颁布施行。图为全体举手一致通过各项决议。（新华社发）

▸ 2009 年 9 月，全国政协委员在深圳市沙头角视察，为搞好经济特区建设事业献计献策。（资料照片）

▾ 1993 年以来，全国政协向中共中央、国务院提出了一大批关系国计民生的对策和建议。国家加强宏观调控抑制通货膨胀政策的出台、国民经济和社会发展计划的制订、农村经济的发展和农民收入的增加，国有企业的改革和发展、科教兴国战略的实施等，都包含着全国政协委员的心血和汗水。图为 1999 年，全国政协委员考察京九铁路。（新华社发）

▲ 2009年3月3日，中国人民政治协商会议第十一届全国委员会第二次会议在北京人民大会堂开幕。这是全国政协委员抵达天安门广场。（新华社发）

▲ 2010年3月3日，在全国政协十一届三次会议开幕会上，全国政协委员法蒂玛正在接受一名外国记者采访。法蒂玛·马合木提是一名律师，也是目前乌孜别克族唯一的女性律师。她的手机就是一条法律服务热线。办案的同时，她还会考虑案件背后的社会问题及可能带来的社会影响。利用职业的优势，她经常会将经手的案件进行整理分析，将自己了解到的一些情况与司法建议及时反映给相关部门。抢救乌孜别克族文化的提案、农民工法律援助问题……（新华社记者 金良快 摄）

▲ 2019 年 3 月 3 日，全国政协委员在“委员通道”接受采访。（新华社记者 燕雁 摄）

◀ 2019 年 3 月 13 日，中国人民政治协商会议第十三届全国委员会第二次会议在北京人民大会堂闭幕。（新华社记者 刘卫兵 摄）

3.3 民族区域自治：凝心聚力共谋跨越式发展

1947 年 5 月，在新中国即将诞生的曙光里，我国第一个省级少数民族自治区——内蒙古自治区宣告成立。从此，民族区域自治——一个解决民族问题的“中国模式”开始在中华大地实践。

新中国成立之初，百废待兴，民族工作也被摆上党和国家的重要议事日程。识别民族成分、建立民族自治地方、成立管理民族事务的专门机构等一系列工作有条不紊地展开，新中国的民族事业开始大踏步前进。

1949 年 9 月 29 日，中国人民政治协商会议第一届全体会议通过的《中国人民政治协商会议共同纲领》明确规定，“各少数民族聚居区域，应实行民族的区域自治”。至此，民族区域自治被正式确定为国家的一项基本政治制度。

中华人民共和国成立后，根据宪法和法律的规定，中国政府开始在少数民族聚居的地方全面推行民族区域自治。1955 年 10 月，新疆维吾尔自治区成立；1958 年 3 月，广西壮族自治区成立；1958 年 10 月，宁夏回族自治区成立；1965 年 9 月，西藏自治区成立。

▲ 1951 年 10 月 26 日，西藏地方政府为人民解放军举行了隆重的入城式，拉萨古城飘扬着五星红旗，藏族同胞热烈欢迎人民解放军。（新华社发）

▲ 1956 年 7 月，出席黔东南苗族侗族自治州第一届人民代表大会第一次会议的苗族、侗族、汉族等各民族代表们。（南沙 摄，新华社发）

▲ 1959 年 3 月，西藏进行了民主改革。图为达孜县农奴在烧毁束缚他们人身自由的债券、契约。（陈宗烈 摄，新华社发）

▼ 1965 年 9 月，拉萨各界各族人民 3 万多人举行集会，庆祝西藏自治区成立。（资料照片，新华社发）

▸ 1997 年 3 月 4 日，西藏那曲县的央孜和她的两个妹妹告别了与牛羊为伴的生活，在青藏公路旁办了一家“姐妹饭店”，专营手抓羊肉、酥油茶、藏式包子等民族特色饭菜。她们待客热情，生意红火，在青藏公路沿线有很高的“知名度”。（新华社记者 范长国 摄）

◂ 1997 年 3 月 4 日上午，来自新疆阿图什市的维吾尔族姑娘吐尔逊古丽在兰州西北民族学院新开设的维汉翻译专业本科班上课。始建于 1950 年的这所民族高等学府，先后为西北各民族地区及西藏、内蒙古、四川等地培养了 2.5 万余名管理干部和各类专业技术人才，学院现已发展成为以大学本科教育为主，有研究生、大中专及成人教育等 56 个专业的多层次、多学院的综合性民族高等学府。（新华社记者 彭张青 摄）

▸ 2003 年 3 月 31 日，西藏夏鲁寺的喇嘛在日喀则郊外的寺庙按照宗教仪轨举行的毗沙门佛，即财神佛供仰仪式上吹起海螺。西藏人民享有充分的宗教信仰自由。西藏自治区的绝大部分藏族和门巴、珞巴、纳西族群众等信奉藏传佛教，同时还有不少群众信奉伊斯兰教和天主教。（新华社发）

◂ 2002 年 7 月 17 日，西藏自治区第一批本地培养的硕士研究生毕业典礼在拉萨举行。这 10 名藏族青年 1999 年开始分别在西藏大学、西藏藏医学院攻读西藏历史、藏语文、藏医藏药等专业。到 2003 年底，西藏已有各级各类学校 1011 所，教学点 2020 个，在校学生达 45.34 万人，小学入学率达 91.8%；文盲率下降至 30% 以下。（新华社发）

▴ 2003 年 1 月 17 日，来自西藏农牧区的代表在西藏自治区八届人大一次会议上进行投票选举。（新华社发）

▴ 2003 年 8 月 27 日，喇嘛在观看西藏拉萨哲蚌寺盛大的展佛活动。一些传统节庆活动如藏历新年、望果节、雪顿节等和许多寺庙的宗教节庆活动得以保留和继承，同时吸收了各种全国乃至世界性的新兴节庆活动。（新华社发）

◂ 2003 年 8 月 28 日，两位那曲地区班戈县的藏族小伙身着传统服饰在藏北赛马节上表演热巴舞。他们在保持本民族服饰、饮食、住房的传统风格和方式的同时，在衣食住行、婚丧嫁娶各方面也吸收了一些体现现代文明、健康生活的新的习俗。（新华社发）

▸ 2003 年 8 月 28 日，西藏察隅县嘎麦村的一位藏族阿妈在家中用自来水洗菜。截至当时，西藏已经解决了 31.2 万农牧民饮水难的问题。（新华社发）

◂ 2003 年 11 月 21 日，西藏米林县南伊珞巴民族乡完全小学的珞巴族学生在上课。西藏自治区教育系统全面推行以藏语文授课为主的双语教学，编译出版了从小学至高中所有课程的藏文教材和教学参考资料。（新华社发）

▲ 上海开往拉萨的 T164 次列车从念青唐古拉山山脚下经过（资料照片）。2006 年 7 月 1 日，青藏铁路全线通车，对推动和加快经济发展具有重大意义。（新华社发）

▲ 2005 年 6 月 12 日，西藏日喀则地区江孜县江热乡班久伦布村格桑顿珠老人和小外孙拉吉在一起。格桑顿珠年轻时沦为江孜帕拉庄园的农奴，没有人身自由，也吃不饱肚子。1959 年西藏民主改革，特别是 1965 年西藏自治区成立以来，格桑顿珠翻身解放，当家作主。（新华社发）

▲ 2006 年 5 月 26 日，勿布林蒙古族学生扎木苏在专心听课。勿布林是我国一个位于科尔沁草原深处、中蒙两国边境地区的乡镇。当地政府在勿布林投资修建勿布林蒙古族小学，既解决了勿布林蒙古族孩子上学远、上学难的问题，又使全乡的所有儿童得以免费接受蒙古语和汉语双语教育。（新华社记者 李欣 摄）

▲ 2007 年 7 月 25 日，内蒙古自治区乌兰浩特市幼儿园快乐的孩子们。（新华社发 陈永明 摄）

▲ 图为 2009 年 7 月 11 日，维吾尔族群众在新疆阿克苏市托普鲁克乡卫生院挂号看病。（新华社记者　余福卿　摄）

▲ 宁夏自 2006 年以来全面落实义务教育阶段学杂费全免政策，全区 99 万名中小学生受益，其中 53.7 万农村及城市家庭贫困学生享受到了“三免一补”（免费提供教科书、免除学杂费、免费提供一套教辅书及生活补助），使城乡困难家庭减轻了经济负担，贫困家庭辍学儿童重回课堂。这是宁夏灵武市农场学校的学生在上音乐课。（资料照片）

▲ 2010 年 3 月 17 日，青海省黄南藏族自治州同仁县年都乎小学艺术教师卓嘎吉在给学生讲授堆绣制作技艺。在热贡艺术发祥地青海省黄南藏族自治州同仁县隆务河畔，当地政府为了更好地保护和传承热贡艺术，在 95% 以上的中小学校设立了热贡艺术课。学生可在专业热贡艺术教师的指导下系统地学习唐卡、堆绣等技艺。（新华社记者　张宏祥　摄）

▲ 2011 年 7 月 4 日，西藏墨竹工卡县农民群曾卓嘎走进自家的安居房。据了解，从 2006 年起，西藏在全区范围内实施大规模农牧区房屋新建和改造工程——安居工程。截至目前，安居工程覆盖西藏全区 27.48 万户、140 万农牧民，已完成投资 170 亿元。（新华社记者　觉果　摄）

▲ 图为西藏尼木县塔荣镇林岗村多吉一家的全家福。（周玉平 摄）

▲ 图为西藏曲水县才纳乡才纳村巴桑一家的全家福。（周玉平 摄）

国家记忆

第四篇

科技强国

墨子“传信”、神舟飞天、高铁奔驰、“天眼”探空、北斗组网、超算“发威”、大飞机首飞……中国科技全方位突破，创新“高原”之上开始耸立起重大尖端科技“高峰”。科技兴则民族兴，科技强则国家强。建成一个富强民主文明和谐美丽的社会主义现代化强国，科技是贯穿始终的不竭动力。

新中国成立初期，我国科技发展水平落后，科研人员和机构短缺，全国科技人员不超过5万人，专门科技机构仅有30多个。20世纪50—70年代，我国自力更生发展科技事业，国防工业和国防科技体系初步建立，取得了“两弹一星”等重大成果，但科技总体水平仍然明显落后于发达国家。改革开放以来，随着科教兴国战略实施，科技体制改革深入推进，一系列重大科技计划出台，产学研结合不断强化，科技领域投入持续增加，带动创新产出不断扩大。

1999年8月，中共中央、国务院召开了全国技术创新大会，发布了《关于加强技术创新，发展高科技，实现产业化的决定》，提出全面优化科技力量布局和科技资源配置，形成有利于技术创新和科技成果转化的体制和机制。推动应用型科研机构和设计单位向企业化转制，对社会公益类科研机构实行分类改革，在中科院实施知识创新工程试点。

2005年底，科技部、国资委、全国总工会决定实施“技术创新引导工程”，通过进一步发挥政府引导作用，运用市场经济手段，引导建立以企业为主体、市场为导向、产学研紧密结合的技术创新体系；引导增强战略产业的原始性创新能力和重点领域的集成创新能力；引导形成一批拥有自主知识产权、自主品牌和持续创新能力的创新型企业。

2006年1月，党中央、国务院召开了全国科学技术大会，对国家中长期科技发展做出战略部署，发布了《关于实施科技规划纲要，增强自主创新能力的决定》。提出必须深化科技体制改革和经济体制改革，进一步消除制约科技进步和创新的体制性、机制性障碍，有效整合全社会科技资源，推动经济与科技的紧密结合，形成技术创新、知识创新、国防科技创新、区域创新、科技中介服务等相互促进、充满活力的国家创新体系。

2006 年，国务院发布了《全民科学素质行动计划纲要（2006—2010—2020 年）》。《科学素质纲要》对未来 15 年提高我国公民科学素质工作做出了具体安排，明确了新时期科学技术普及工作以促进人的全面发展为目标，以弘扬科学精神、宣传科学思想、推广科学方法、普及科学知识为主要任务，以实施全民科学素质行动计划、加强国家科普能力建设、建立科普事业的良性运行机制为工作重点。

2007 年 10 月，党的十七大提出，提高自主创新能力，建设创新型国家，是国家发展战略的核心，是提高综合国力的关键。提出要坚持走中国特色自主创新道路，加快建设国家创新体系，为新时期深化科技体制改革指明了方向。

2007 年，《科技进步法》完成修订并经全国人大审议通过，使新时期科技发展的基本制度更加完善。

……

我国自 2013 年起成为世界第二大研发经费投入国，研发人员总量、发明专利申请量分别连续 6 年和 8 年居世界首位。

2018 年，全社会研究与试验发展经费支出 19657 亿元，比 1995 年增长 55.4 倍；与国内生产总值之比为 2.18%，比 1995 年提高 1.61 个百分点，超过欧盟 15 国平均水平。2018 年末，全国有效专利达 838 万件，其中境内有效发明专利 160 万件，每万人口发明专利拥有量 11.5 件。

党的十八大以来，以习近平同志为核心的党中央把创新摆在国家发展全局的核心位置，围绕实施创新驱动发展战略，加快推进以科技创新为核心的全面创新。我国在载人航天、探月工程、量子科学、深海探测、超级计算、卫星导航等诸多领域取得重大成果，创新驱动发展战略成效不断显现。

▲ 1978 年 3 月召开的全国科学大会，迎来了科学的春天，也拉开了科技体制改革的序幕。邓小平同志在会上发表重要讲话，提出了“科学技术是生产力”“知识分子是工人阶级的一部分”等光辉论断，论述了科学技术对推动经济社会发展的重要作用和科学技术现代化在实现四个现代化中的关键地位，肯定了知识分子的政治地位，极大地焕发了广大知识分子投身社会主义现代化建设的热情。图为全国科学大会会场。（新华社发）

◀ 这是北京正负电子对撞机的大型探测系统——谱仪。1988 年 10 月 16 日，中国第一座高能加速器——北京正负电子对撞机首次对撞成功。这是中国继原子弹、氢弹爆炸成功、人造卫星上天之后，在高科技领域又一重大突破性成就。北京正负电子对撞机的建成和对撞成功，为中国粒子物理和同步辐射应用研究开辟了广阔的前景。（资料照片，新华社发）

▲ 1994 年 6 月 3 日，中国工程院在北京成立。中国工程院是中国工程技术界最高荣誉性、咨询性学术机构。中国工程院设立院士制度。中国工程院院士是国家设立的工程技术方面的最高学术称号，是从已经在工程科学技术领域中做出系统性、创造性成就和贡献的优秀工程科学技术专家中选举产生的，为终身荣誉。每两年增选一次。图为中国工程院成立大会现场。（资料照片，新华社发）

▸ 获得 2000 年度国家最高科学技术奖的中国工程院院士袁隆平是世界著名的杂交水稻专家，是我国杂交水稻研究领域的开创者和带头人，在杂交水稻的应用与推广方面做出了杰出贡献。2011 年，杂交水稻之父袁隆平院士续写了水稻高产神话，其指导的超级稻第三期目标亩产 900 公斤高产攻关获得成功，其隆回县百亩试验田亩产达到 926.6 公斤。图为袁隆平在观察水稻生长情况。（新华社记者 殷菊生 摄）

◄ 2002 年 11 月 21 日，中国独立完成水稻第四号染色体精确测序。这使中国对国际水稻基因组计划测序工作的贡献率达到 10%，是迄今为止中国独立完成的最大的基因组单条染色体精确测序。图为水稻第四号染色体测序专家工作组组长、中科院国家基因研究中心韩斌博士在上海与研究中心成员一起讨论水稻第四号染色体测序图。（新华社记者 张明 摄）

▼ 这是全超导托卡马克 EAST（原名 HT—7U）核聚变实验装置（又称“人造太阳”）。该装置 2006 年成功完成首次工程调试，2007 年 3 月通过国家验收。（新华社记者 李健 摄）

▲ 2009 年 6 月 11 日，位于四川成都的核工业西南物理研究院宣布，该院在受控核聚变实验装置——中国环流器二号 A 装置上首次实现了偏滤器位形下高约束模式运行。这是我国磁约束聚变实验研究史上具有里程碑意义的重大进展，标志着中国磁约束聚变能源开发研究综合实力与水平有了新的提高。（新华社发）

▶ 2009 年 7 月 17 日，我国重大科学工程——北京正负电子对撞机重大改造工程在中科院高能物理研究所通过国家验收。这是改造后的北京正负电子对撞机局部。北京正负电子对撞机重大改造工程的建成，将我国对撞机和谱仪技术推进到国际前沿，是我国高能物理发展的又一个重大的里程碑。改造后的北京正负电子对撞机将在世界同类型大科学装置中继续保持领先地位，成为国际上最先进的双环对撞机之一。（新华社记者 汪永基 摄）

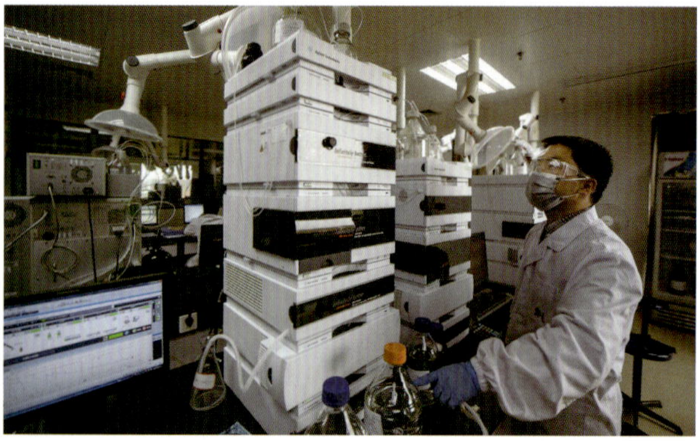

◂ 被誉为“中国光谷”的武汉东湖示范区是我国继中关村之后的第二个国家自主创新示范区。这里汇集了近百所高校和科研院所、30 多个国家级重点实验室，还有代表亚洲光电技术最高水平的国家光电实验室。图为位于湖北武汉东湖示范区内的人福医药集团股份公司的科研人员在实验室进行研究工作。（新华社记者 程敏 摄）

◂ 2016 年 8 月 10 日，国家基因库细胞存储平台中级实验师郑东敏将人源组织细胞样本经过培养，放入零下 196 摄氏度的液氮当中保存。2016 年 9 月 22 日起在深圳开始运营的国家基因库正是带着“留存现在、缔造未来”的使命诞生。中国将拥有这样一艘“诺亚方舟”，承载人类及其他生物的遗传样本和密码。（新华社记者 毛思倩 摄）

◂ 2013 年 6 月 20 日，中科院理论物理研究所于渌院士在介绍重大基础前沿与交叉学科发展新态势。当日，中国科学院在北京召开新闻发布会，正式发布《科技发展新态势与面向 2020 年的战略选择》战略研究报告。2012 年年初，中科院组织 200 多位专家开展了面向 2020 年科技发展新态势的研究，经过一年多的研究，分析了新科技革命带来的机遇和挑战，提出了中国“十二五”乃至“十三五”期间需要着力解决的重大科技问题及建议国家采取的若干政策举措。（新华社记者 金立旺 摄）

▲ 图为在松科二井拍摄的“地壳一号”万米钻机整机系统。2018 年 6 月 2 日，吉林大学主要承担研发的“地壳一号”万米钻机正式宣布完成“首秀”：完钻井深 7018 米，创造了亚洲国家大陆科学钻井新纪录，标志着我国成为继俄罗斯和德国之后，世界上第三个拥有实施万米大陆钻探计划专用装备和相关技术的国家。7018 米深的松科二井，属于我国实施的松辽盆地白垩系国际大陆科学钻探工程，是国际大陆科学钻探计划（ICDP）实施 22 年以来最深钻井，也是全球首个钻穿白垩纪陆相地层的科学钻探井。这是中国入地工程的一项标志性成就，将为我国地球深部探测提供关键技术和装备，拓展松辽盆地深部页岩气、地热能等清洁能源勘查开发的新空间，引领全球白垩纪陆相古气候研究，显著提升我国在地质历史古气候研究领域的国际影响力。（新华社记者　许畅　摄）

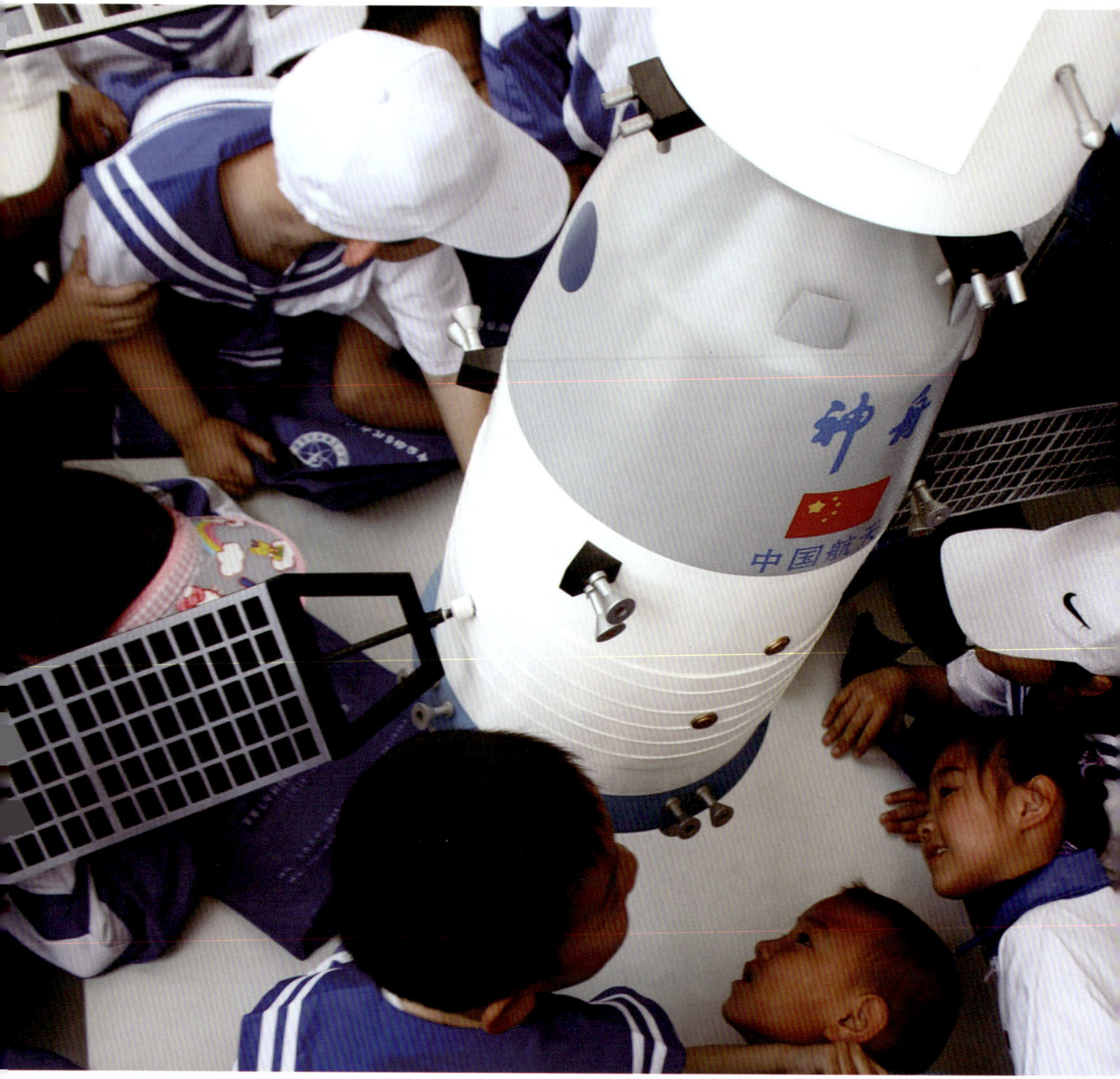

▲ 2001 年 3 月 22 日，国务院批复从 2001 年起，每年 5 月份的第三周为全国“科技活动周”，具体工作由科技部会同有关部门组织实施。建立了由 10 位德高望重的两院院士组成的科技活动周指导委员会，指导科技活动周组委会的筹办工作。这是 2007 年 12 月科技活动周期间，小学生们在中国科学院大连化学物理研究所欣赏神舟飞船模型。（新华社发）

▲ 2009 年 8 月，在第十届“我爱祖国海疆”全国青少年航海模型教育竞赛总决赛上，一位小选手在组装模型。（新华社发）

4.2 制造强国：锻造民族复兴“硬实力”

自新中国成立特别是改革开放以来，中国制造业取得了举世瞩目的成就，建立了门类齐全的现代工业体系，规模跃居世界第一，让我国实现了从贫穷落后的农业国到现代化工业国，再到具有全球影响力的经济大国的转变。

坚持创新驱动和转型升级让“中国制造”在前沿科技、高端装备等领域竞争优势显著增强。水电、特高压等一批高端装备成为“中国制造”的“新名片”，北斗系统、超级计算机等领先全球。由我国自主创新、具有完全自主知识产权的“复兴号”高铁更是领先世界的“中国动力”。以大数据、人工智能、物联网为代表的新一代信息技术加速与制造业融合，推动制造业向智能化转型。尤其是近年来，一批分布在高端装备、战略性新兴产业、信息化等方面的“中国制造”惊艳全球。从量的积累到质的飞跃，从点的突破到系统能力的提升，“中国制造”成为国家现代化建设的可靠支撑。

“推动中国制造向中国创造转变、中国速度向中国质量转变、中国产品向中国品牌转变。”十八大以来，以习近平同志为核心的党中央立足民族复兴大业的全局，以全球视野的战略远见，多次强调要重视实体经济，并对中国制造转型升级做出重要论述。

这是一幅备受瞩目的“制造版图”——神舟飞天、“蛟龙”探海、高铁飞驰、北斗组网……从高端装备到精密仪器，重大工程到基础材料，中国制造体系逐渐完善、结构优化升级、竞争力与日俱增；

这是一份令人惊叹的成绩单——新中国成立初期至今，按不变价格计算，工业增加值增长 900 余倍，主要工业产品产量进入世界前列，从不足到充沛，工业供给能力显著增强，创新、协调、绿色、开放、共享的制造新格局正在形成。

从“世界工厂”到创新高地，由中国制造到中国创造，70 年砥砺奋进，制造大国正屹立东方。

▲ 1956 年 7 月 14 日，中国自己研制的解放牌载重汽车开出长春第一汽车制造厂，长春各界民众夹道欢迎。（袁苓 摄）

▲ 1958 年 9 月，我国第一台 4000 马力“巨龙”型干线货运内燃机车在大连机车车辆厂正式试制成功。经过试运转，证明完全达到设计标准。铁道部决定把这台机车作为国庆节献礼。这台内燃机车的设计采用了世界内燃机车最新技术。机车分为两节，每节为 2000 马力，每小时能行驶 100 公里，效率比蒸汽机车高三到四倍，它牵引 3500 吨的列车、行驶 800 公里不用加燃料和水。这台机车设计和制造的速度也创造了我国机车工业上的新纪录。原计划 1960 年完成试制任务，实际仅用 3 个月的时间，比 1956 年试制“和平”型蒸汽机车缩短了 14 个月。这是大连机车车辆厂全厂职工举行盛大集会，庆贺巨龙诞生。（新华社记者 高国权 摄）

◀ 1961 年万吨水压机在上海江南造船厂造成，标志着中国机械制造业新的发展水平。（夏道陵 摄）

▸ 1988 年 3 月 23 日，北京第一机床厂 1987 年 8 月研制成功的具有国际先进水平的 MCP－800 数控仿形铣床。这种具有三座标测量功能的机床集数控、仿形、实物编程于一身，能独立座标比例缩放，可广泛运用于模具加工业。（新华社记者　白连锁　摄）

◂ 2002 年 9 月 5 日，沈阳新松机器人自动化公司在中国首届国际装备制造业博览会上展出的弧焊机器人工作站成为参观者注目的焦点。（新华社发）

▸ 2005 年 6 月 10 日，在安徽省奇瑞汽车有限责任公司发动机装配生产线上，工人在工作。安徽省奇瑞汽车有限责任公司依靠自主研发走出了一条打造自主品牌的创新之路。奇瑞轿车在国内汽车行业率先以输出品牌和全散件组装的形式在国外合资兴建整车厂。（新华社发）

◂ 2005 年 4 月 20 日，安徽合肥江淮汽车集团工人在汽车装配线上工作。江淮汽车集团是我国客车和商务车等汽车的重要生产基地。（新华社记者 汪永基 摄）

◂ 2007 年 12 月 21 日，我国首架具有完全自主知识产权的新支线飞机 ARJ21 在上海飞机制造厂总装下线。这标志着我国重大自主创新工程 ARJ21 飞机的研制工作全面完成，中国飞机正式跻身世界民用客机行列。图为下线仪式现场的 ARJ21 飞机。（新华社记者 张明 摄）

◂ 2017 年 5 月 5 日，中国首款国际主流水准的干线客机 C919 在上海浦东国际机场首飞成功。（新华社记者 方喆 摄）

◂ 2007 年 3 月 25 日，南京汽轮电机（集团）有限责任公司生产的首台中国制造的 9E（12.5 万千瓦）重型燃气轮机组在目前世界上海拔最高的电站——青海格尔木燃气电厂成功并网，实现了我国重大动力技术装备制造的新突破。图为该公司的员工在汽轮机转子装配现场作业。（新华社发）

▸ 2009 年 9 月 19 日，国内第一个“汽车风洞”——上海地面交通工具风洞中心在同济大学嘉定校区落成启用。这是工程技术人员在风洞内巡视大风机。作为公共性汽车和轨道车辆的关键技术平台，“汽车风洞”可为我国汽车和轨道车辆工业，特别是为新能源汽车的自主研发提供重要的基础性服务，也可为我国汽车工业从“中国制造”迈向“中国创造”提供重要的技术支撑。（新华社记者 陈飞 摄）

◂ 2008 年 8 月 1 日，北京至天津的城际高速铁路正式开通运营。京津城际高速铁路是我国第一条拥有完全自主知识产权、具备世界一流水平的城际高速铁路。这条高速铁路系统解决了制约速度的一系列技术难题，最高运营时速达到 350 公里。这是由北京开往天津的首趟城际列车从北京南站驶出。（新华社记者 公磊 摄）

▲ 2008 年 6 月 28 日，技术人员正在监控海信自主研发的液晶模组生产线。（新华社记者 李紫恒 摄）

► 2008 年 10 月 28 日，一名工作人员站在 220 吨交流传动电动轮自卸车的巨轮旁。当日，我国自主研制的第一台拥有完全自主知识产权的 220 吨交流传动电动轮自卸车在湖南湘潭成功下线。这标志着我国大型露天矿运输设备制造业技术已达到国际领先水平。(殷忠民 摄)

◄ 2009 年 9 月 29 日，东风武汉神龙汽车公司的员工在为汽车进行总装。（新华社记者 郝同前 摄）

◂ 2009 年 12 月 26 日，世界上一次建成里程最长、运营速度最快的高速铁路——武广铁路客运专线正式通车运营。这是国产“和谐号”动车组驶出武汉火车站。武广铁路客运专线北起武汉站，南到广州南站，线路全长 1068.6 公里。这条铁路全部采用世界上最先进的无砟轨道技术铺设，其路基改变以往铁路用碎石减震的做法，轨枕全部由混凝土浇筑而成，不仅减少了维护、降低粉尘、美化环境，更适应时速超过 200 公里的高速列车运行。（新华社记者 程敏 摄）

▸ 2009 年 6 月 4 日，国际上口径最大的大视场望远镜、国家重大科学工程——大天区面积多目标光纤光谱天文望远镜（LAMOST）项目在中国科学院国家天文台兴隆观测基地通过国家竣工验收。这是参观者在观看天文望远镜部分设备。LAMOST 突破了国际上半个世纪以来天文望远镜大口径和大视场难以兼备的瓶颈，是一架我国自主创新设计、在技术上极具挑战性的大视场兼备大口径光学天文望远镜，也是世界上光谱获取率最高的望远镜。（新华社记者 汪永基 摄）

◂ 2009 年 7 月 13 日，由我国自主研制、迄今世界上最大的 3.6 万吨黑色金属垂直挤压机在内蒙古北方重工业集团有限公司完成首次热调试，成功挤出第一根合格的厚壁无缝钢管，标志着我国大口径厚壁无缝钢管制造技术一举打破国外垄断，并达到世界领先水平。万吨以上黑色金属垂直挤压机属于先进制造技术领域，是重大工业基础装备之一，主要用于大型电站、石油化工行业急需的大口径厚壁无缝钢管制造，代表着国家制造业的发展水平。（新华社记者 王宇天 摄）

▲ 2010 年 9 月 28 日，中国一拖集团大轮拖生产车间内的生产流水线正在组装动力换挡重型拖拉机。动力换挡重型拖拉机是国内迄今为止最为先进的拖拉机。它的下线，结束了国际大型农机制造企业垄断动力换挡重型拖拉机的历史。（新华社记者 刘军喜 摄）

▲ 2011 年 3 月 30 日，为实现神龙公司动力总成全面换代升级，迈开神龙公司加快节能与新能源产品发展步伐，神龙汽车公司年产百万台新发动机项目在湖北襄阳市开工建设。图为神龙汽车公司发动机二分厂的工人在流水线上作业。（新华社记者 郝同前 摄）

▶ 2011年6月30日，京沪高铁正式开通运营，京沪线上由南车四方机车车辆股份有限公司（南车四方）精心研制的46列具有完全自主知识产权的CHR380A新一代高速动车组，再次成为大家关注的焦点。CHR380A高速列车作为京沪高铁的核心技术装备，在高速、安全、环保、舒适等综合技术指标上，完全处于世界领先水平。图为工人在高速动车组车体生产线上吊运转向架。（新华社记者 李紫恒 摄）

▶ 京东方科技集团股份有限公司2011年9月27日宣布，其第8.5代液晶面板（TFT—LCD）生产线正式量产。这意味着京东方实现了从1.8英寸到55英寸全系列主流液晶面板的国产化，有效缓解了我国电子信息产业困扰多年的“缺屏之痛”，标志着我国在平板显示这一战略性新兴产业取得重大突破性发展。（新华社发）

▶ 2011年11月12日，上午10时，世界单机容量最大的水轮发电机组——向家坝水电站1号机组转子顺利吊装就位。（曾朗 摄）

◀ 2012 年 3 月 29 日，奇瑞公司员工在集瑞联合卡车生产线上作业。在“2011 年度中国汽车工业科学技术奖”评选中，奇瑞自主研发的“发动机管理系统项目”和“整车动力学性能开发能力建设及其应用项目”分别荣获中国汽车工业科技进步二、三等奖。（陈立希 摄）

▲ 2016 年 1 月 28 日，辽宁沈阳北方重工集团工人在拆解出口到巴西圣保罗的盾构机。近年来，北方重工集团有限公司抓住“一带一路”沿线国家资源开发及基础设施建设的市场机遇，加快推进大型装备出口，为“一带一路”沿线国家经济建设提供了“中国制造”解决方案。（新华社记者 杨青 摄）

▲ 海尔集团郑州空调互联网工厂车间内的生产景象。（资料照片）

▲ 2017 年 11 月 6 日，中国科学院孵化的寒武纪科技公司发布新一代人工智能芯片，采用与“阿尔法狗”类似的深度学习技术，适用范围覆盖了图像识别、安防监控、智能驾驶、无人机、语音识别、自然语言处理等人工智能的重点应用领域。这是中科院计算所研究员、寒武纪公司首席执行官陈天石在介绍寒武纪人工智能芯片。（新华社记者 殷刚 摄）

▲ 2019 年 5 月 23 日，我国时速 600 公里高速磁浮试验样车在青岛下线。这标志着我国在高速磁浮技术领域实现重大突破。高速磁浮列车可以填补航空与高铁客运之间的旅行速度空白，对于完善我国立体高速客运交通网具有重大的技术和经济意义。（新华社记者 李紫恒 摄）

4.3 航天科技：脚踏实地　逐梦太空

从人造卫星到载人航天，从月球探测到逐梦太空，中国人一直努力探索宇宙的奥秘。

习近平总书记指出，发展航天事业，建设航天强国，是我们不懈追求的航天梦。回首新中国成立70年来，中国航天的发展一直与国家发展同频共振，在百废待兴中坚定起步，在自力更生中创造辉煌。

▲ 1970年4月24日，中国在第一个火箭发射实验基地酒泉卫星发射中心成功发射第一颗人造地球卫星“东方红一号”，成为世界上第3个独立研制和发射卫星的国家，中国航天活动的序幕从此拉开。上图：“东方红一号”人造地球卫星；下图：人们争相眺望“东方红一号”通过北京上空。（新华社发）

► 1985 年 11 月 23 日，飞机制造厂科技人员一丝不苟地测试飞机的油路装置，保证飞机的制造质量。（新华社记者 熊汝清 摄）

◄ 1975 年 11 月 26 日，中国第一颗返回式卫星从酒泉卫星发射中心发射升空，3 天后按预定计划返回地面。至此，中国成为继苏联、美国之后世界上第三个掌握从轨道上回收卫星技术的国家。这是参观者在西安卫星测控中心参观我国第一颗返回式卫星。图中左边的锅形物就是返回舱。（资料照片，新华社发）

► 1989 年 12 月 30 日，国防科学技术工业委员会所属的中国空气动力研究与发展中心的科技人员，经过 20 多年的努力，在四川绵阳地区建成性能配套的风洞设备群。该风洞设备群由 28 座性能配套的风洞及特种试验设备组成，可承担飞行器预研、选型、定型、改进等多种试验，为航空、航天飞行器的研制和改进提供了大量可靠数据。（邹毅 摄）

▲ 北京飞机维修工程有限公司是中国国际航空公司与联邦德国汉莎航空公司合资开办的，投资总额为 9.8 亿元人民币，是中国当时最大的合资企业之一。图为 1990 年 9 月 15 日，公司新建的修理厂房一角。（新华社记者 柯林渭 摄）

▲ 1990 年 9 月 15 日，母机携带高空无人侦察机飞行。（新华社记者 罗子秀 摄）

▲ 图为 1990 年 9 月 15 日拍摄的运 8 飞机在接受疲劳试验。运 8 飞机曾经是中国自行研制的最大的民用运输机，载重量 20 吨。该机曾获国家科技进步一等奖。（袁高鸣 摄）

◂ 1992 年 8 月 14 日 7 时，中国“长征二号 E”捆绑式运载火箭在西昌卫星发射中心成功发射由美国研制的澳大利亚“澳赛特 B1”通信卫星。澳星的发射成功，标志着中国的卫星发射开始进入国际市场。（新华社发）

▸ 2003 年 10 月 15 日，我国在酒泉卫星发射中心进行首次载人航天飞行。9 时整，“神舟”五号载人飞船搭载我国首位航天员杨利伟发射升空。（新华社发）

◀ 2003 年 10 月 16 日 6 时 23 分，“神舟”五号载人飞船在内蒙古主着陆场成功着陆，实际着陆点与理论着陆点相差 4.8 公里。返回舱完好无损。航天英雄杨利伟自主出舱。我国首次载人航天飞行圆满成功。这是杨利伟出舱。（新华社记者 王建民 摄）

◀ 2005 年 10 月 17 日 4 时 33 分，神舟六号返回舱在内蒙古四子王旗中部草原成功着陆，航天员费俊龙、聂海胜平安返回。（新华社记者 赵建伟 摄）

▸ 2007 年 10 月 24 日 18 时 05 分，搭载着我国第一颗探月卫星嫦娥一号的长征三号甲运载火箭在西昌卫星发射中心点火发射。同年 11 月 26 日，中国国家航天局正式公布嫦娥一号探月卫星从距离地球 38 万公里的环月轨道传回的第一张月面图像，标志着我国首次探月工程取得圆满成功。2009 年 3 月 1 日 16 时 13 分 10 秒，嫦娥一号探月卫星在科技人员的精确控制下，准确落于月球东经 52.36 度、南纬 1.50 度的预定撞击点，成功完成硬着陆。探月工程是我国继人造地球卫星、载人航天之后，航天活动的第三个里程碑。我国因此跨入世界为数不多的具有深空探测能力的国家行列。（新华社记者 王建民 摄）

▾ 北京时间 2009 年 3 月 1 日 16 时 13 分 10 秒，中国嫦娥一号卫星在北京航天飞行控制中心科技人员的精确控制下，准确落于月球东经 52.36 度、南纬 1.50 度的预定撞击点，为今后我国空间探测器软着陆打下基础。这是中国嫦娥一号卫星成功撞月的立体仿真图表。（新华社发）

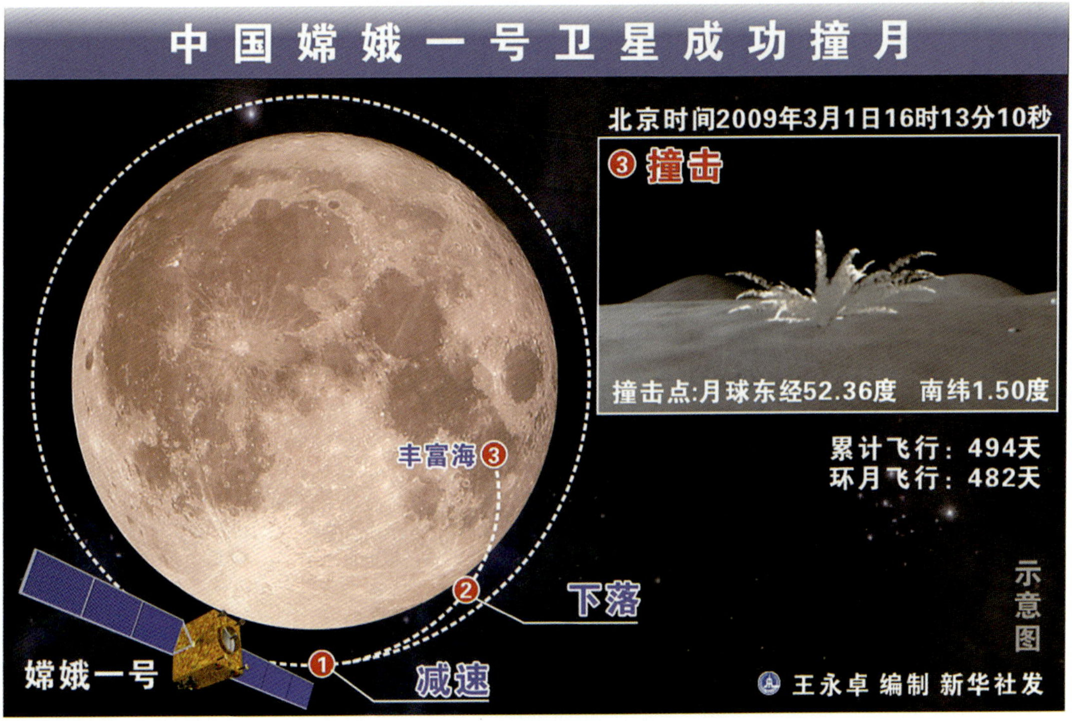

▲ 2008 年 9 月 25 日 21 时 10 分，长征二号 F 型运载火箭点火，神舟七号飞船在酒泉卫星发射中心升空。（资料照片，新华社发）

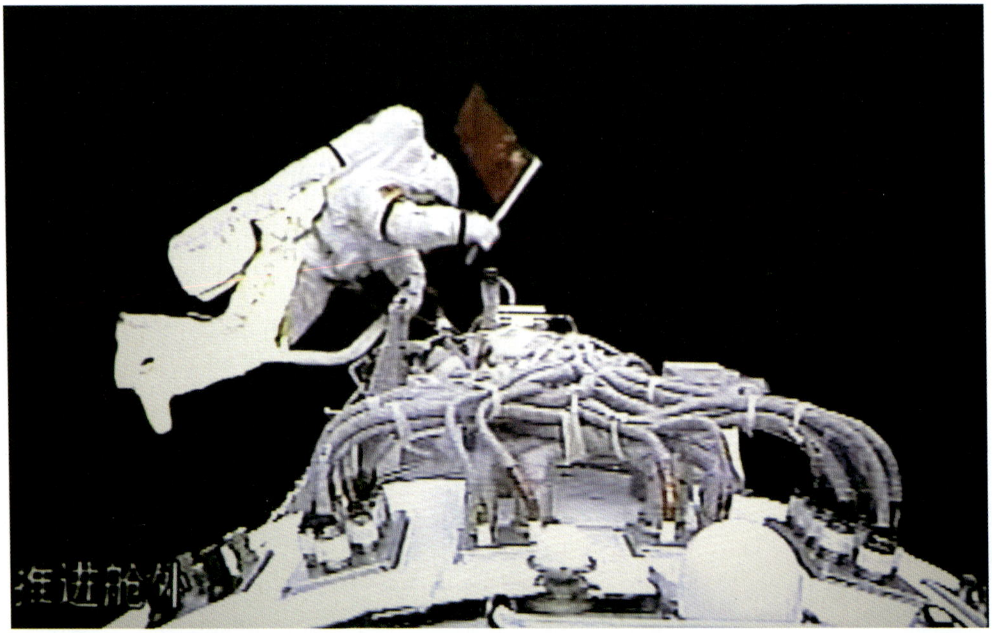

▲ 2008 年 9 月 27 日，执行神舟七号载人航天飞行出舱活动任务的航天员翟志刚出舱后挥动中国国旗（摄于北京航天飞行控制中心大屏幕）。（新华社发）

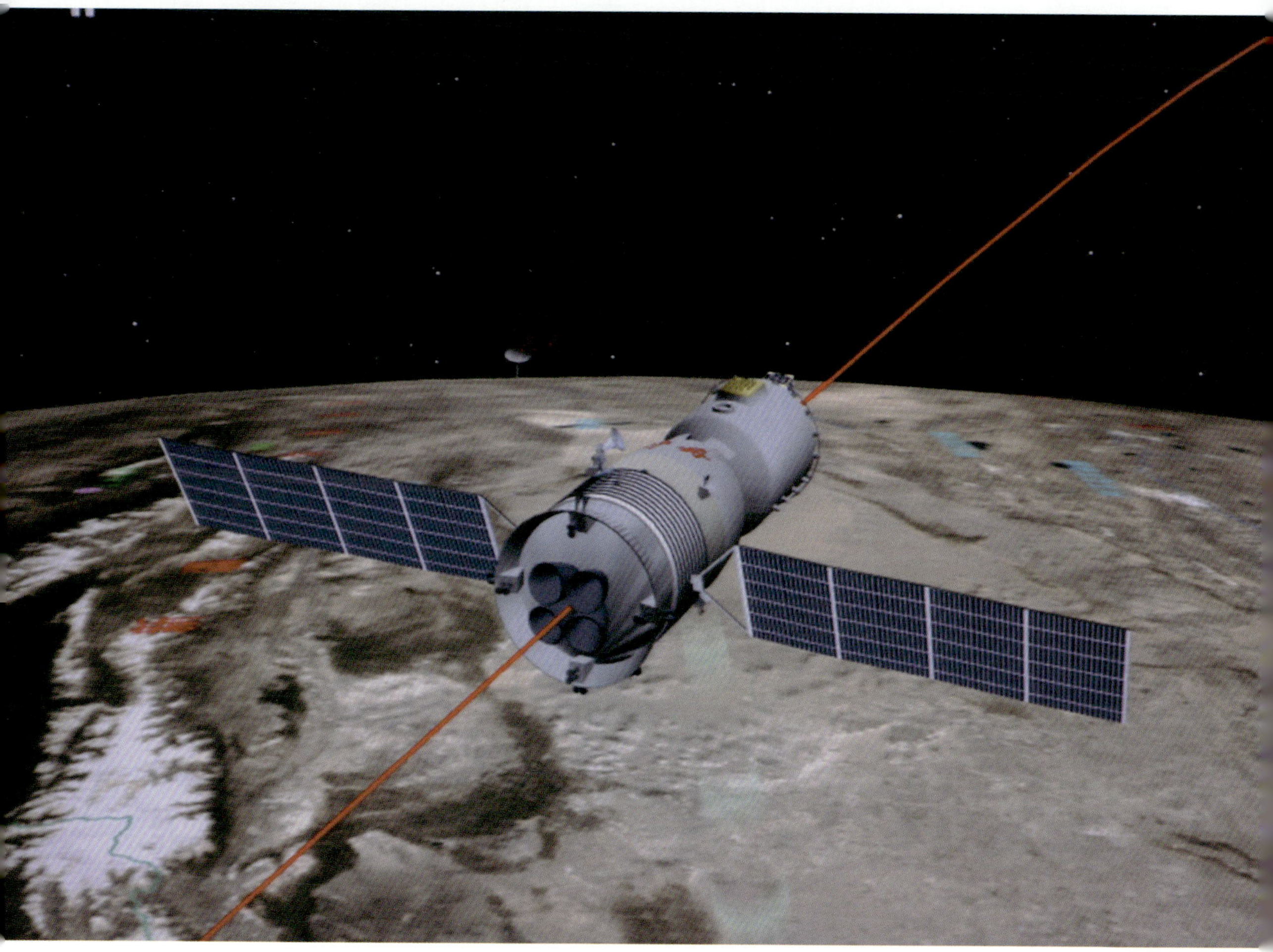

▲ 神舟七号载人飞船在太空遨游的模拟图（2008 年 9 月 26 日 23 时 00 分 20 秒拍摄于北京航空飞行控制中心）。（新华社记者 陈建力 摄）

▲ 2010 年 10 月 1 日 18 时 59 分 57 秒，搭载着嫦娥二号卫星的长征三号丙运载火箭在西昌卫星发射中心点火发射。这是嫦娥二号发射瞬间的情景。（新华社记者 李刚 摄）

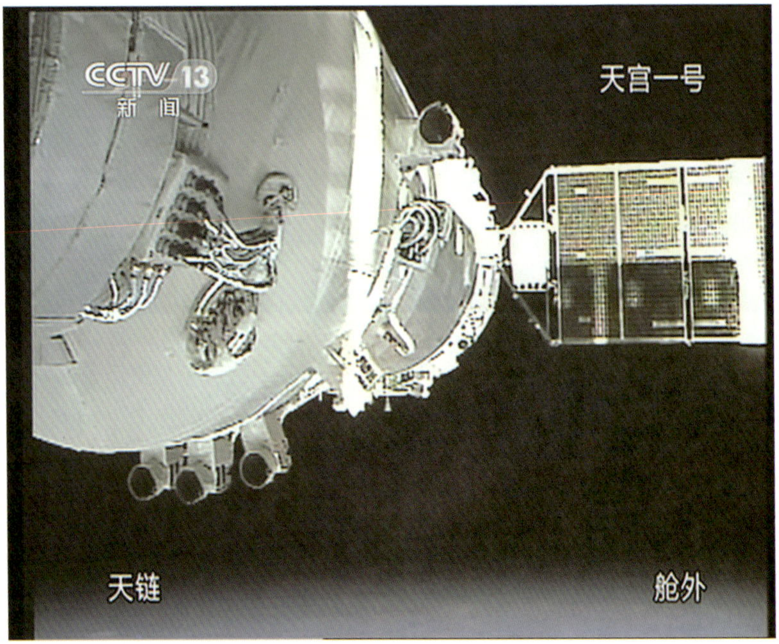

◀ 天宫一号摄像头 2011 年 11 月 3 日凌晨拍摄的天宫一号和神舟八号对接锁紧完成后的画面。神舟八号与天宫一号在太空成功对接，使我国成为继美、俄之后第 3 个掌握交会对接技术的国家。（视频截图，新华社发）

▲ 2012 年 6 月 16 日，神舟九号航天员出征仪式在酒泉卫星发射中心航天员公寓问天阁举行，航天员刘洋也成为中国第一个飞向太空的女性。（新华社记者 李刚 摄）

▶ 2012 年 6 月 18 日，北京航天飞控中心大屏幕显示航天员景海鹏、刘洋、刘旺（从右至左）在天宫一号实验舱内。（新华社记者 查春明 摄）

◀ 2013 年 6 月 11 日至 6 月 26 日，我国“神舟十号”载人飞船搭载着聂海胜、张晓光、王亚平三名宇航员在太空与“天宫一号”成功实现了自动和手动对接，还首次开设了“太空—地面”课堂。12 月 2 日 1 时 30 分，我国在西昌卫星发射中心用“长征三号乙”运载火箭，成功将“嫦娥三号”探测器发射升空。“嫦娥三号”首次实现月球软着陆和月面巡视勘察，为我国探月工程开启新的征程。图为 2013 年 6 月 13 日拍摄的北京航天飞行控制中心大屏幕显示：3 名航天员在天宫一号中向地面科研人员挥手致意。（新华社记者 王永卓 摄）

▶ 2019 年 1 月 3 日，人类首个在月球背面软着陆的探测器嫦娥四号稳稳降落在月球南极—艾特肯盆地冯 · 卡门撞击坑。

上图：2019 年 1 月 11 日，玉兔二号巡视器全景相机对嫦娥四号着陆器成像；下图：嫦娥四号着陆器地形地貌相机对玉兔二号巡视器成像。（国家航天局供图，新华社发）

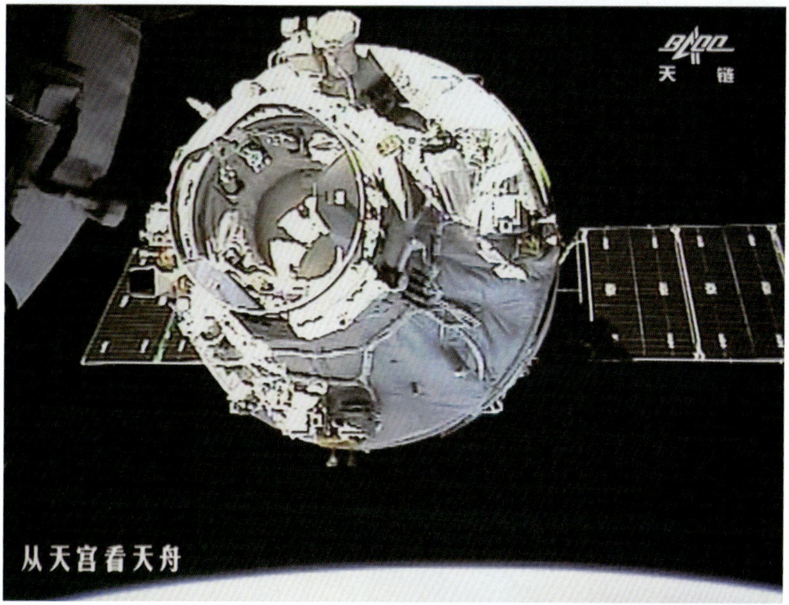

◀ 2017 年 4 月 22 日 12 时 23 分，天舟一号与天宫二号顺利完成自动交会对接。这是天舟一号与天宫二号进行的首次自动交会对接，也是我国自主研制的货运飞船与空间实验室的首次交会对接。图为北京航天飞行控制中心大厅大屏幕上显示的天舟一号向天宫二号靠拢的画面。（王泗江 摄，新华社发）

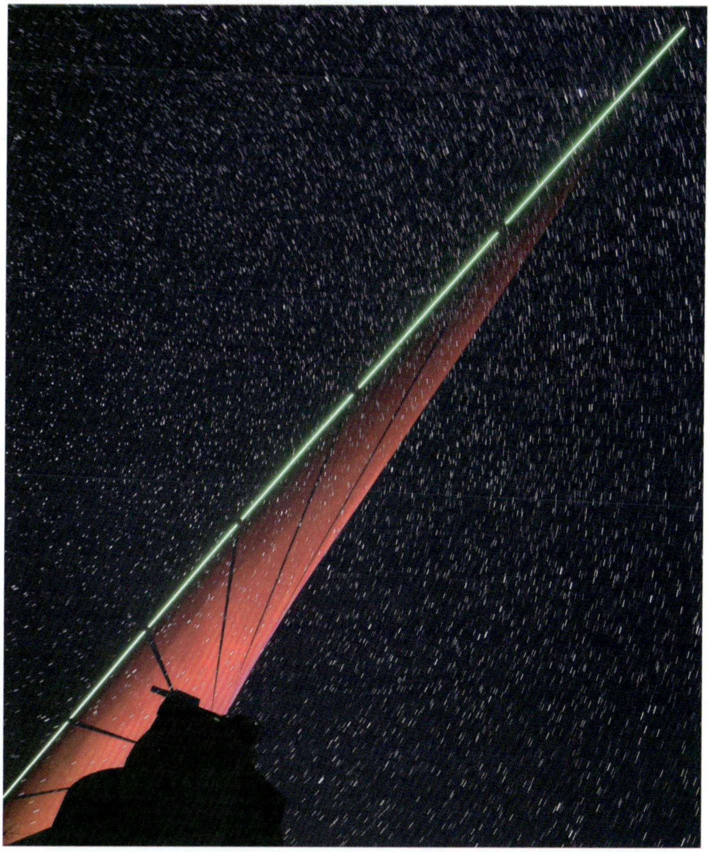

▶ 2017 年 6 月 16 日，中国科学技术大学潘建伟教授及其同事彭承志等组成的研究团队宣布，在中国科学院空间科学战略性先导科技专项的支持下，利用“墨子号”量子科学实验卫星在国际上率先成功实现了千公里级的星地双向量子纠缠分发，并于此基础上实现了空间尺度下严格满足“爱因斯坦定域性条件”的量子力学非定域性检验，在空间量子物理研究方面取得重大突破。国际权威学术期刊《科学》以封面论文的形式发表了该成果，审稿人称该成果是“兼具潜在实际应用和基础科学研究重要性的重大技术突破”。图为 2016 年 11 月 28 日，在河北兴隆观测站，“墨子号”量子科学实验卫星过境，科研人员在做实验（合成照片）。（新华社记者　金立旺　摄）

2018 年 9 月 10 日无人机拍摄的“中国天眼”全景。被誉为“中国天眼”的 500 米口径球面射电望远镜（FAST），经过两年的紧张调试工作，现已经实现了跟踪、漂移扫描、运动中扫描等多种观测模式。截至目前，“中国天眼”已发现 59 颗优质的脉冲星候选体，其中有 44 颗已被确认为新发现的脉冲星。（新华社记者 欧东衢 摄）

4.4 海洋科技：从油气资源开发到建设海洋强国

建设海洋强国，必须大力发展海洋高新技术。发展海洋科学技术，必须着力推动海洋科技向创新引领型转变。

2012 年 6 月，随着“蛟龙”号载人潜水器在马里亚纳海沟成功潜至 7062 米海底并开展作业，我国具备了载人到达全球 99.8% 以上的海底进行作业的能力。2013 年，“蛟龙”号成功开展试验性应用航次，迈出了业务化运行的第一步。

2014 年 4 月，中国第 30 次南极科学考察队乘坐“雪龙”号极地科考船凯旋。257 名科考队员在 160 天考察期间，圆满完成 30 项科考任务、15 项后勤保障任务，在南极建立了我国第四个科学考察站——泰山站，进一步拓展了我国南极考察的广度和深度。

近年来，我国组织开展的多次大洋科考，在太平洋、印度洋等海域获得了大量宝贵的调查资料和样品。我国在西北太平洋海底申请的 3000 平方公里富钴结壳勘探矿区获得国际海底管理局核准。随着海洋经济创新发展区域示范顺利实施，海洋科技创新不断深入，我国正在逐步突破制约海洋经济发展和海洋生态保护的科技瓶颈。

▲ 我国自行设计和建造的第一艘综合性海洋科学考察船“东方红”号具有 2500 吨排水量，供有关部门对海洋的水文、气象、物理、化学、生物、地质地貌、水产资源等进行综合调查及科学研究。船上设有十多个实验室，每个实验室都配备了实验所需要的各种仪器设备。甲板上还有许多专供海上调查用的机器装置。

图为 1966 年 1 月 8 日“东方红”号上的水手正在放置公海验潮仪。这是水文科学实验项目的内容之一。公海验潮仪放置在公海某固定地点的海底，可以长期自动记录该处的水位变化情况，为研究潮汐现象提供资料。（新华社记者 夏道陵 摄）

► 1966 年 1 月，海洋化学实验室的工作人员正在分析不同深度和不同海区海水化学成分：如海水矿物质含量、营养盐的分布、溶解氧的含量、海水含氮量、海水氯度。这些项目的研究对海洋生物栖息场所和生存条件的调查对海带的人工繁殖有直接关系。（新华社记者 夏道陵 摄）

◄ 1966 年 1 月，地质实验室的工作人员通过地质取样管取出不同海区海底沉积物，用来分析泥沙所含的矿物质，研究海底沉积物形成的原因和历史。（新华社记者 夏道陵 摄）

► 1966 年，我国自行设计和建造的第一艘综合性海洋科学考察船“东方红”号生物实验室的工作人员正在将用底栖拖网拖上船来的各种底栖生物进行分类。其中有贝类、海星、底栖甲壳类和底栖鱼类。（新华社记者 夏道陵 摄）

▶ 图为 1977 年 3 月，中国科学院海洋研究所科研人员蔡难儿（左）和工人李秀玉一起观察海马的生长情况。三斑海马是一种名贵的中药材。海洋研究所新品种培育组的科研人员和日照县海水养殖试验场的工人、干部组成“三结合”科研小组，成功地解决了使这一亚热带的海生动物在寒冷的北方地区既能生存，又能繁殖的难题。（新华社记者 花晧 摄）

▶ 中国科学院“实验 3 号”海洋科学考察船，1985 年 12 月 10 日驶离广州新洲码头，首次赴西太平洋热带海域进行大气——海洋联合科学考察。（何惠飞 摄）

▲ 青岛是我国海洋科学研究的发源地和培养科技人才的摇篮，有“中国海洋科学城”之称。图为 1995 年，青岛海洋大学校园（2002 年更名为中国海洋大学）。（新华社记者 张荣大 摄）

◀ 曾呈奎，著名海洋生物学家，中国海洋科学的开拓者。毕生致力于海洋植物学的教学和海藻学的研究，是中国海藻学的奠基人。图为 1996 年曾呈奎在分析海洋植物。（冯杰 摄）

▲ 2006 年 1 月 22 日，环球科考凯旋的“大洋一号”科考船靠泊在青岛团岛码头。经过半个多世纪的发展，我国已经形成了以海洋环境技术、资源勘探开发技术、海洋通用工程技术为主，包含 20 多个技术领域的海洋高新技术体系。特别是近年来，在国家 863 计划、973 计划、国家自然科学基金、科技攻关计划的支持下，海洋科学技术取得了突破性进展，缩短了与海洋技术先进国家的差距。（新华社发）

▲ 2009 年 7 月 18 日，“大洋一号”科考船从广州起航，执行我国第 21 次、也是当时规模最大、参与人员最多、持续时间最长、采用科技最新的大洋科考行动。这是工作人员在解开“大洋一号”的缆绳。（新华社记者　王攀　摄）

▲ 2018 年 7 月 31 日，“大洋一号”科考船从位于山东省青岛市的国家海洋局北海分局科考基地码头起航，前往西北太平洋海域执行中国大洋 48 航次科学考察任务。这是“大洋一号”后甲板上的部分科考设备。（新华社记者　李紫恒　摄）

▲2010年8月20日，中国第四次北极科学考察队乘坐雪龙号极地科学考察船抵达北纬88度22分。（新华社记者 刘军喜 摄）

▲ 2014 年 2 月 8 日，中国第 30 次南极科学考察队队员从海里收回重达 200 公斤的庞大设备 CTD。CTD 由 24 个 10 升的采水瓶组成，每下降到一定的深度，采水瓶就会自动打开，不同深度海水的多项“指标”也会实时在实验室电脑中显示。（新华社记者 张建松 摄）

▲ 国务院 2014 年 6 月 3 日发文，批复同意山东省政府有关设立青岛西海岸新区的请示，要求把青岛西海岸新区发展成为海洋科技自主创新领航区、深远海开发战略保障基地、军民融合创新示范区、海洋经济国际合作先导区、陆海统筹发展试验区，为探索全国海洋经济科学发展新路径发挥示范作用。国务院在批复中指出，设立并建设好青岛西海岸新区，对于全面实施海洋战略、创新军民融合机制、深化海洋管理体制改革、推进深远海开发与陆海统筹发展和建设海洋强国具有重要意义。图为青岛西海岸新区一角。（刘积舜 摄，新华社发）

作为国家海洋科技创新的重要平台，我国海洋领域唯一的国家实验室——青岛海洋科学与技术国家实验室 2015 年 10 月 30 日正式启用。该国家实验室作为开放式协同创新平台，将围绕国家海洋发展战略，整合国内海洋科研资源与力量，开展原创性前沿技术研究，不断提升我国海洋科学与技术自主创新能力。

青岛海洋科学与技术国家实验室设有海洋动力过程与气候、海洋生物学与生物技术和海洋生态与环境科学等八个功能实验室。“十三五”期间，该国家实验室将实施西太平洋—南海—印度洋动力过程与环境气候安全、蓝色生命过程与资源开发利用、西太平洋洋陆过渡带深部过程与资源环境效应等科研任务。

▶ 图为 2015 年 11 月 11 日，在青岛海洋生物医药研究院，研发人员对实验鼠喂食从海洋生物中提取的促代谢活性成分。青岛海洋生物医药研究院是青岛海洋科学与技术国家实验室中海洋药物与生物制品功能实验室的重要组成。（新华社记者 郭绪雷 摄）

▲ 2016 年 3 月 24 日，我国万米级载人深潜器的科考母船“张謇”号成功建造，在浙江温岭举行上水仪式。（刘振清　摄，新华社发）

▲ 这是“蛟龙号”深海载人潜水器于 2010 年 7 月在中国南海执行一次成功下潜后出水。2010 年 8 月 26 日，科技部和国家海洋局在北京联合宣布，我国第一台自行设计、自主集成研制的“蛟龙号”深海载人潜水器 3000 米级海试取得成功，最大下潜深度达到 3759 米。这标志着我国成为继美、法、俄、日之后第五个掌握 3500 米以上大深度载人深潜技术的国家。（新华社发）

▲ 图为准备入水的“蛟龙号”载人深潜器。2012 年 5 月 3 日，“向阳红 09”船自江阴起航奔赴太平洋马里亚纳海沟执行“蛟龙号”载人潜水器 7000 米级海试任务。期间，“蛟龙号”共完成 6 次下潜试验，其中 3 次超越 7000 米，最大下潜深度达到 7062 米；对潜水器 289 项、水面支持系统 24 项功能和性能指标进行了逐一验证，开展了坐底、定深定高航行、近底巡航和海底微地形地貌精细测算作业内容，取得了地质、生物、沉积物样品和水样，并记录了大量珍贵的海底影像资料。（新华社记者 张旭东 摄）

▲ 2017 年 5 月 23 日，“蛟龙”号在世界最深处的马里亚纳海沟“挑战者深渊”北坡下潜，进行深入的现场探查，初识“挑战者深渊”4811 米的海底世界。图为“蛟龙号”在获取岩石样品。（新华社记者 刘诗平 摄）

▲ 2017 年 6 月 13 日，在西太平洋海域，“蛟龙”号载人潜水器离开“向阳红 09”科学考察船准备进入水中，进行中国大洋 38 航次最后一潜。（新华社记者 刘诗平 摄）

▲ 1983 年 12 月 22 日，中国第一台每秒钟运算一亿次以上的“银河”巨型计算机研制成功，标志着中国进入世界研制巨型计算机的行列。（新华社发）

◀ 1991 年 5 月 15 日，北京应用电子信息技术改造传统产业活动周拉开帷幕。这是人们在展览会上参观由北京汽车分电器厂等单位联合开发的可减少汽车排气污染的高性能无触点点火系统。（新华社记者　王呈选　摄）

◀ 至 1992 年 11 月 21 日凌晨，上海进行电话扩容割接，成为我国第一个电话容量突破 100 万门的城市。1882 年，上海开始有第一部电话，到 1982 年，经过 100 年时间，才发展到 15 万门，而改革开放 10 年间，即迅速从 15 万门增加到了 100 万门。这是上海市内电话局工作人员对单路载波设备进行最后检查。（新华社记者 徐义根 摄）

▲ 图为 1996 年 11 月 24 日，中国科学院兰州沙漠研究所科研人员在电脑上查找莫高窟 45 窟主室佛龛画面。由敦煌研究院等单位联合进行的“敦煌壁画计算机存贮与管理信息系统研究”利用计算机有效保存和真实再现敦煌壁画，使这一艺术瑰宝永驻人间成为现实。（彭张青 摄）

◀ 2001 年 3 月 26 日，“中国高速信息示范网核心路由器”在北京通过国家技术鉴定。作为“863”重大攻关课题和我国高速信息示范网的关键设备，由国防科技大学计算机学院和大唐电信科技股份有限公司共同研制开发的这台核心路由器的信息吞吐量达每秒 400 亿比特（计算机存储基本单位）以上，这标志着我国在信息技术领域的研究取得重大突破并已达到国际先进水平。图为科研人员对核心路由器电路板进行测量。（李微 摄）

◀ 2009 年 1 月 7 日，消费者在北京一家中国移动展厅体验 3G 手机的功能。当日，工业和信息化部宣布，批准中国移动通信集团公司增加基于 TD—SCDMA 技术制式的第三代移动通信（3G）业务经营许可，中国电信集团公司增加基于 CDMA2000 技术制式的 3G 业务经营许可，中国联合网络通信集团公司增加基于 WCDMA 技术制式的 3G 业务经营许可。（新华社记者 邢广利 摄）

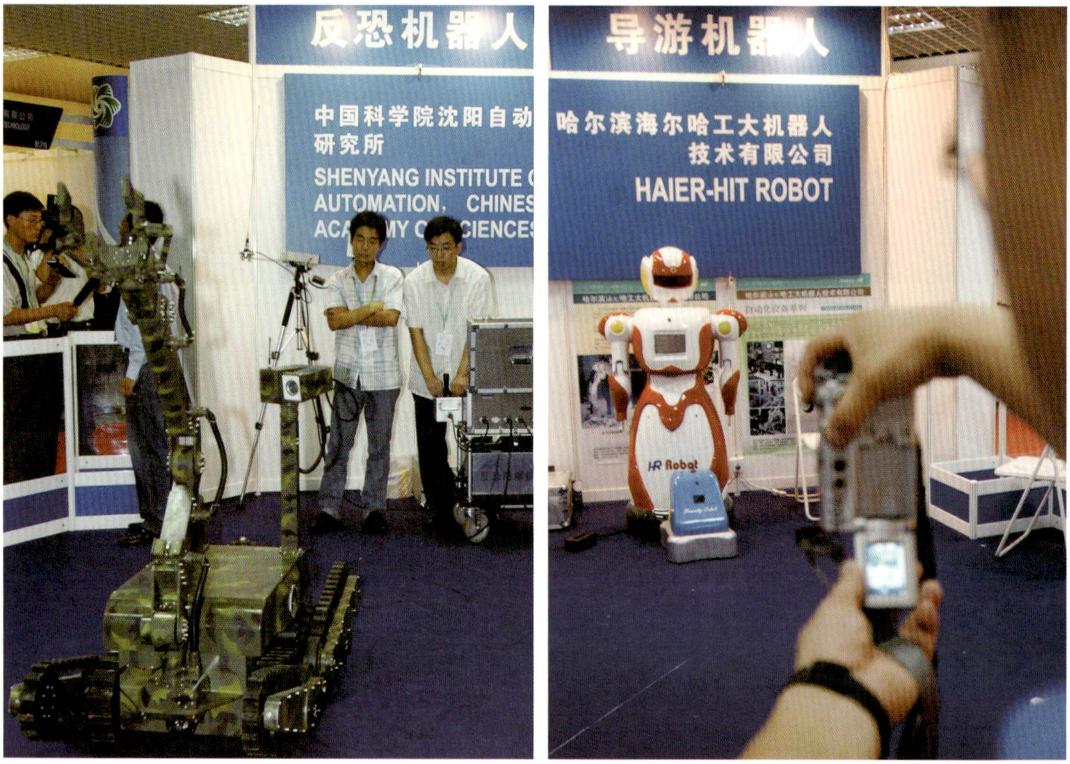

▲ 2006 年 9 月 2 日，在长春国际会展中心举行的第 2 届东北亚博览会上，3 款各具特色的机器人相继亮相，各自展示才艺，让参观者近距离感受科技的魅力。这是由中国科学院沈阳自动化研究所自行研制开发的“灵蜥—H”反恐机器人（左图）和哈尔滨海尔哈工大机器人技术有限公司推出的导游机器人（右图）。（新华社记者 迟海峰 摄）

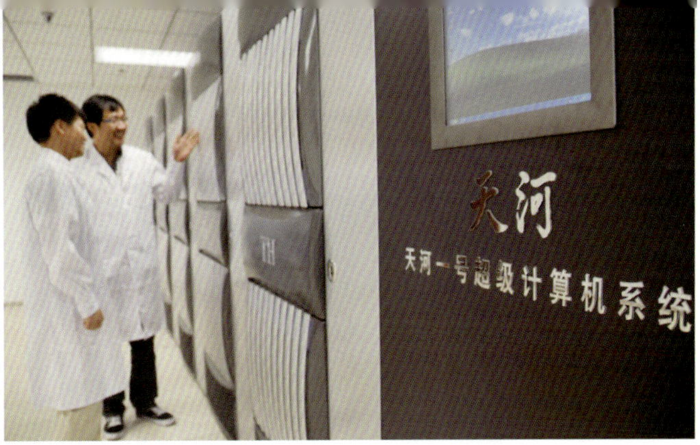

▶ 国家超级计算天津中心科研人员正在对已完成装配的“天河一号”进行检查。2010 年 11 月 17 日，国际超级计算机 TOP500 组织正式发布第 36 届世界超级计算机 500 强排名榜。安装在国家超级计算天津中心的“天河一号”超级计算机系统，以峰值速度 4700 万亿次、持续速度 2566 万亿次每秒浮点运算的优异性能位居世界第一，实现了中国自主研制超级计算机综合技术水平进入世界领先行列的历史性突破。（新华社记者 毛振华 摄）

▲ 2010 年 4 月 21 日，中科大研制小组成员在介绍“KD—60”计算机使用的“龙芯 3A”芯片。我国首台采用国产高性能通用处理器芯片“龙芯 3A”和其他国产器件、设备和技术的万亿次高性能计算机“KD—60”近日由中国科学技术大学和深圳大学联合研制成功，并通过了专家鉴定。这是继 2007 年底中国科大成功研制基于“龙芯 2F”处理器的高性能计算机“KD—50—I”后，我国高性能计算机国产化的又一次重要突破。该机采用单一机柜，集成了 80 余颗“龙芯 3A”处理器，理论峰值计算能力达到每秒 1 万亿次，而体积仅有家用洗衣机大小。专家称，KD—60 万亿次机的研制成功，是高性能计算机向个人化方向发展的又一次重要进展，为我国未来研制国产千万亿次计算机和提高自主创新能力提供了示范作用，对推动国产高性能计算机事业的发展和国家安全具有重要的战略意义。（新华社记者 李健 摄）

◀ 2012 年 9 月 6 日，观众在南京软博会现场体验 TD—LTE（4G）高清 VOD 视频点播通信服务。2012 年 1 月 18 日，以大唐电信集团为核心提出的 TD—LTE—Advanced 被国际电信联盟（ITU）确定成为 4G 国际标准，正式成为两大 4G 国际标准之一。这是我国通信发展史上继自主创新的 TD—SCDMA 成为 3G 国际标准之后的又一重要的里程碑，标志着我国在移动通信标准制定领域保持了世界领先地位，为 TD—LTE 产业的后续发展及国际化打下了重要基础。（王启明 摄，新华社发）

▲ 2013 年 9 月 28 日，工作人员在展示一款 4G 手机。当日，中国移动 4G 手机全国首发仪式在浙江杭州、宁波、温州三地同时举行，首批发布的 4 款 4G 手机已获得工信部 4G 入网许可，这 3 个移动 4G 试点城市的市民可抢先一步尝鲜体验 4G 手机。（张培坚 摄，新华社发）

▲ 2016 年 6 月 20 日，新一期全球超级计算机 500 强榜单公布，使用中国自主芯片制造的“神威太湖之光”取代“天河二号”登上榜首，中国超算上榜总数量也有史以来首次超过美国名列第一。据国际 TOP500 组织当天发布的榜单，“神威太湖之光”的浮点运算速度为每秒 9.3 亿亿次，不仅速度比第二名“天河二号”快出近两倍，其效率也提高 3 倍。更重要的是，与“天河二号”使用英特尔芯片不一样，“神威太湖之光”使用的是中国自主知识产权的芯片，采用大规模高流量复合网络体系结构，实现全系统高带宽、低延迟通信。图为“神威太湖之光”超级计算机的交换机网线。（新华社记者 李响 摄）

▲ 2016 年 5 月 25 日，在中科院量子信息与量子科技前沿卓越创新中心内的量子模拟实验室拍摄的超冷原子光晶格平台的激光伺服系统。该平台可以人工操纵冷原子的量子状态，从而模拟一些难以操纵的、复杂物理系统的机制。（新华社记者 才扬 摄）

▲ 2019 年 7 月 30 日，在中国移动 5G 联合创新中心重庆开放实验室，工作人员演示“5G 沉浸式体验”应用。当日，重庆首批 20 位体验用户正式领取 5G 号卡和体验手机。重庆 5G 网络已实现对重庆所有区县的接通，并已在部分商圈、高校、体育场馆等场所实现 5G 网络连续覆盖。（新华社记者 唐奕 摄）

▲ 自动躲避障碍、路口自主决策、应急人工接管……2019 年 8 月 17 日，一辆半米高的白色小车在南京江北新区国际健康城“上岗”运行。当天，苏宁物流正式启用这款 5G 无人配送车，为智慧零售的“最后一公里”升级。（新华社记者 李雨泽 摄）

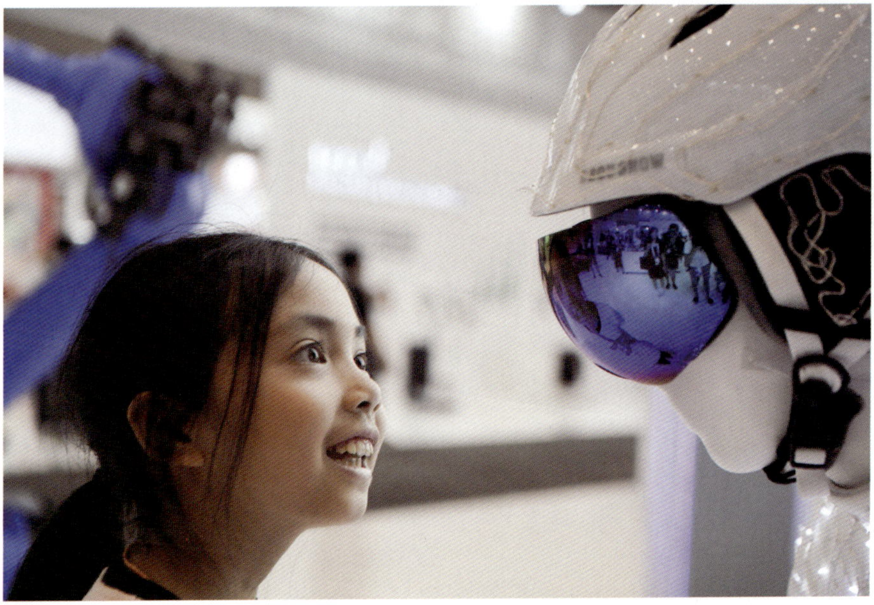

▲ 2019 年 8 月 25 日，一名小朋友在 2019 智博会主会场重庆国际博览中心参观。（新华社记者　王全超　摄）

▲ 2019 年 8 月 26 日，2019 中国国际智能产业博览会在重庆国际博览中心拉开帷幕，包括 5G 直播、5G 远程急救等 5G 技术纷纷亮相本届智博会。图为中国电信展厅内，一台 5G 手机（右）与一台 4G 手机（左）进行网络速度比较。（新华社记者　刘潺　摄）

国家记忆

第五篇

大国工程

5.1 追梦里程：新中国公路 70 年

一个国家的公路如同一个人的血脉，从哪里经过，哪里就是一方沃土。

70 年来，新中国公路交通建设取得了跨越式发展，建设了一批具有划时代意义的精品工程项目。到 2018 年末，全国公路总里程达到 485 万公里，是 1949 年的 60 倍；农村公路里程达到 404 万公里，通硬化路乡镇和建制村分别达到 99.6% 和 99.5%；高速公路总里程 14.3 万公里，年均增长 25.8%。

▶ 1954年筑路大军修筑康藏公路。（资料照片，新华社发）

▼ 我国第一条新筑的全立交、全封闭、现代化设施齐全的沪嘉高速公路1988年10月31日下午正式通车。公路全长20.5公里（含两端入城段道路），路宽45米，为4车道。公路中间设有绿化隔离带。昼夜通车可达4万辆。（新华社记者 张刘仁 摄）

▲ 1973年5月25日，河南省周口地区在公路两侧营造林木，很多地段已是绿树成荫，成为全国公路绿化的先进地区。（刘师堂 摄，新华社发）

► 1990年12月27日，国家“七五”重点交通建设工程、西北第一条高速公路——西（安）临（潼）高速公路正式建成通车。（新华社发）

◀ 1994 年 8 月 6 日，被誉为“中华公路第一高桥”的金水沟大桥在陕西省合阳县境内建成通车。这座大桥是国道 108 线（北京—昆明）上的大型高架桥，采取民办公助的形式，总投资 2500 万元。全桥 12 跨 11 根墩柱，桥面与沟底最大高差为 92.44 米，均居国内公路桥之首（左图）。居住在金水沟的农民祖祖辈辈吃尽了坡大沟深的苦头，他们主动捐钱捐物支援大桥建设，时年 67 岁的老汉张连成（右二）省吃俭用把准备给儿子结婚用的 1220 元钱捐出来。当梦想成真时，农民们高兴得合不拢嘴。（新华社记者 范德元 摄）

▶ 2000 年 8 月 19 日，桂海高速公路星岛湖至北海段建成通车，这标志着全长 650 多公里的广西桂林至北海高速公路全线贯通。（新华社记者 陈天湖 摄）

建设总规模约 3.5 万公里的"五纵七横"国道主干线于 2007 年年底贯通。

"五纵七横"国道主干线的规划始于 20 世纪 80 年代，随着改革开放的推进和经济社会的发展，社会对交通的需求迅速增加，大多数干线公路、城市出入口和沿海发达地区堵车、压港现象严重。交通部于 20 世纪 80 年代末提出了"五纵七横"12 条路线（含支线）的规划布局方案，1992 年得到国务院认可，并于 1993 年正式部署实施。

这 12 条主干线全部是二级以上的高等级公路，其中高速公路占总里程的 76%，一级公路占总里程的 4.5%，二级公路占总里程的 19.5%。它们连接了首都、各省省会、直辖市、经济特区、主要交通枢纽和重要对外开放口岸，覆盖了全国所有人口在 100 万以上的特大城市和 93% 的人口在 50 万以上的大城市，是具有全国性政治、经济、国防意义的重要干线公路。

◂ 2009 年 1 月 2 日拍摄的通车不久的云万高速公路。穿越三峡库区腹地的云阳至万州高速公路于 2008 年 12 月 27 日建成通车，是沪（上海）蓉（成都）高速公路在重庆境内最重要的一段。（资料照片，新华社发）

▾ 2017 年 7 月 21 日，在内蒙古锡林郭勒盟锡林浩特市，公路已经修到了牧民家门口。（新华社记者 连振 摄）

▲ 2018 年 6 月 12 日，汽车行驶在第一条沙漠公路上。（新华社记者 赵戈 摄）

▼ 2019 年 3 月 4 日，车辆行驶在白奉公路“十大拐”路段。“十大拐”公路位于湖北省恩施土家族苗族自治州恩施市境内，是白奉（湖北恩施白杨坪至重庆奉节）公路上的一段，因弯多弯急成为独特一景。（新华社记者 杨顺丕 摄）

▶ 2019 年 4 月 26 日，拉林高等级公路米拉山隧道建成通车，车辆驶入米拉山隧道。当日，经过 4 年建设的米拉山隧道正式建成通车，标志着拉萨至林芝高等级公路实现全线通车。米拉山隧道平均海拔 4750 米，是川藏线（国道 318 线）拉林段高等级公路重点控制性工程，隧道双向分别长 5727 米和 5720 米。作为世界上海拔最高的特长公路隧道，米拉山隧道的建成通车，使过去 18 公里的翻山路程缩短至 5.7 公里。（新华社记者　李鑫　摄）

▼ 2019 年 7 月 23 日，图为广西都安瑶族自治县安阳镇连接兰海高速公路的道路。广西都安瑶族自治县面积 4000 多平方公里，石山面积占 89%，素有“石山王国”之称，是国家扶贫开发工作重点县。（新华社记者　陆波岸　摄）

▲ 1952 年 7 月 1 日，成渝铁路全线通车。这是由成都驶往重庆的第一列火车出站。（新华社发）

▲ 1958 年 8 月 1 日，新中国第一条穿越沙漠的铁路——全长 1000 公里的包（头）—兰（州）铁路建成通车。这是列车通过沙坡头。（新华社发）

◀ 1952年，铁道部青岛四方铁路工厂制造出新中国第一个火车头“八一”号机车。这是四方铁路工厂职工欢送新机车“八一”号开出厂房。（新华社发）

▲ 1975年7月1日，中国第一条电气化铁路——宝（鸡）成（都）铁路建成通车，全长676公里。这是中国自制的“韶山”型电力机车牵引着客车行驶在宝成铁路上。（新华社发）

◀ 1959 年 9 月 14 日，新中国当时最大的客运车站北京火车站建成。北京火车站是 20 世纪 50 年代首都“十大建筑”之一，占地面积 25 万平方米，总建筑面积 8 万平方米。（新华社发）

▼ 1967 年 9 月 5 日，中国、坦桑尼亚、赞比亚三国政府在北京签订《关于修建坦桑尼亚—赞比亚铁路的协定》。经过 5 年多的艰苦努力，坦赞铁路于 1975 年 10 月试办运营，1976 年 5 月完成了全线工程收尾和设备安装配套等工作。坦赞铁路东起坦桑尼亚首都达累斯萨拉姆，西至赞比亚中央省的卡皮里姆博希，与赞比亚原有铁路接轨，全长 1860.5 公里，是一条贯通东非和中南非的大干线，极大地改善了坦、赞两国的交通运输状况。（新华社发）

▲ 1996 年 9 月 1 日从北京开往深圳的 105 次列车，第一次开进井冈山站时，受到老区人民热烈欢迎。（新华社发）

◀ 2000 年 1 月 27 日，在北京工作的宋立东正通过因特网订购回山东老家探亲的火车票。春运期间，铁路部门为方便旅客买票，除全国 504 个计算机售票窗口外，还增设了售票网点和售票窗口，延长售票时间。大中城市中悄然兴起的网上售票更是让宋先生这样的网民欣喜，昔日起大早、排大队还可能买不到票的记忆正逐渐褪色。（新华社记者 徐显辉 摄）

▲ 2004 年 8 月 26 日，学生和家长在站台上告别。当日，由哈尔滨铁路分局开行的 T18 次学生专列驶出哈尔滨火车站，1050 名大学生及家长乘坐这趟学生专列奔赴北京。据悉，为大学生开行特快专列在全国尚属首次。（新华社记者　李勇　摄）

▲ 2006 年 10 月 25 日，从拉萨开往内地的火车驶过藏北雪山。旧西藏没有一条公路。经过 50 年的建设，西藏全区公路通车里程达到 7.5 万公里，逐步形成了以拉萨为中心、“三纵、两横、六通道”为骨架的公路交通网络：东连四川、云南，西接新疆，北连青海，南通印度、尼泊尔，地市互通，县乡连接；2006 年青藏铁路通车，彻底结束西藏没有铁路的历史，并且铁路已经向西藏腹地延伸。由于西藏立体交通的形成，世界屋脊连着世界，藏族人民的活动半径越来越大，开放的西藏也迎来四方宾朋。（新华社记者　觉果　摄）

青藏铁路东起西宁市，南至拉萨市，全长1956公里。其中格尔木至拉萨段全长1142公里，于2001年6月29日开工，是世界上海拔最高、穿越冻土里程最长的高原铁路。铁路沿途经过海拔4000米以上的地段有960公里，最高点为海拔5072米，穿越多年冻土里程550多公里。

青藏铁路犹如一条神奇的天路，而修建它时所遇到的三大难题即多年冻土、生态脆弱与高寒缺氧，也使这条铁路的诞生具有重大的科技意义。

青藏铁路圆了中国人的百年梦想，集中展现了改革开放以来中国科学技术、工程技术的快速发展成果。青藏铁路是民族团结的象征，架起了高原边疆各族人民与内地之间幸福与友谊的金桥。青藏铁路在雪域高原的穿越也让“中国最后一个省区告别了没有铁路的历史”！

▲ 2006年7月1日，拉萨举行青藏铁路通车庆祝大会。图为藏族群众代表在庆祝大会上。（新华社记者 巩志宏 摄）

▲ 2007 年 6 月 26 日，青藏铁路列车行驶在藏北草原上，以桥代路有效地保护了高原生态。（新华社记者 普布扎西 摄）

▲ 2014 年 9 月 28 日，一列客运列车行驶在西藏那曲县境内的青藏铁路上。（新华社记者 王颂 摄）

▲ 图为 2007 年 4 月 5 日，“和谐号”CRH 动车组列车飞驰在京沪线上。（新华社发）

▲ 2009 年 7 月 30 日，一列“和谐号”内燃动车组缓缓驶入沈抚城际铁路抚顺北车站。当日，沈阳—抚顺城际铁路正式开通运营。这是辽宁省开通的第一条城际铁路。（新华社记者　任勇　摄）

▲ 2010 年 6 月 24 日，一列高速铁路列车驶出上海虹桥站。当日，沪宁高速铁路进行运营前的最后调试。沪宁高速铁路开通运营后，大大缩短了上海至南京间的列车运行时间。（新华社发）

▲ 2011 年 6 月 30 日，京沪高速铁路正式通车运营，第一列京沪高铁列车驶出北京南站。（新华社记者 罗晓光 摄）

▲ 2013 年 2 月 20 日，南昌铁路局的工人们在京九铁路九江西编组站进行设备整修作业，以确保春运大客流过后春耕物资等货物列车高效编组、安全开行。（胡国林 摄，新华社发）

▲ 2016 年 10 月 1 日，在埃塞俄比亚首都亚的斯亚贝巴拉布车站，中方和埃塞俄比亚列车司机向参观者挥手致意。（新华社记者 孙瑞博 摄）

新中国成立70年来，随着我国科技水平大幅飞跃、施工工艺迅速提高，以前修路架桥中靠“人海战术”“人拉肩扛”的景象不在，记忆中时速只有三四十公里的绿皮车渐渐远去，中国路、中国车中的科技含量越来越高，助推中国交通跨越式发展。

▲ 图为2017年9月17日，河北省怀来县境内的新建京张高铁跨大秦铁路线土木特大桥连续梁在转体中。（新华社记者 杨世尧 摄）

图为2018年春运期间的一张照片。2018年2月1日凌晨，动车组停靠在武汉动车段的存车线上，准备进行检修和保温作业。（新华社记者 肖艺九 摄）

5.3 桥梁飞架：山河跨越 天堑通途

桥梁不仅缩短了人和车辆跨越河流、山谷和海洋等天堑的距离，给人以便利，而且是人类智慧的结晶和力量的象征，更是一种建筑艺术的展示。自古以来，我国的造桥技艺就处于世界领先水平。

从20世纪50年代修建万里长江第一桥时的建成学会，到八九十年代援建海外。改革开放以来，我国桥梁建设蓬勃发展，仅已建成的公路桥和铁路桥总数就超过百万座，成为世界第一桥梁大国，并创造出许多世界桥梁新纪录。再到新时代厚积薄发，中国桥梁建设者筚路蓝缕、砥砺前行，不仅助推国内桥梁实现了跨越式发展，更大步地走出去，使中国桥梁成为展示国家形象与实力的一张靓丽名片。

中国桥梁行业曾经历追赶世界的艰难，但中国桥梁人不屈不挠、迎难而上，在海内外的江河湖海、深山峡谷之上架起了一座又一座“中国桥”，让世界看见了中国的建桥实力。

展望新时代阔步前行的道路，中国桥梁行业已经在许多领域领先世界，正积极推动中国向世界“建桥强国”迈进，中国桥梁人也将用自己的努力让世界再次对“中国桥”刮目相看。

▲ 20 世纪 50 年代，建设中的武汉长江大桥在进行钢梁架设。（资料照片）

▲1956 年，武汉长江大桥架设第一孔钢梁。（新华社发）

▼图为 1957 年武汉长江大桥落成通车典礼。（新华社发）

▲ 2015 年 7 月 29 日，飞架南北的武汉长江大桥和武汉鹦鹉洲长江大桥（远处）。（新华社记者 程敏 摄）

▼ 1968 年 9 月 30 日，大桥建设者和南京市军民举行隆重集会，热烈庆祝南京长江大桥铁路桥通车。（资料照片，新华社发）

▲ 20 世纪 70 年代拍摄的南京长江大桥。（新华社记者　丁峻　摄）

▼ 2016 年 10 月 8 日拍摄的南京长江大桥。（苏阳　摄，新华社发）

▲ 2008 年 5 月 1 日，杭州湾跨海大桥正式通车。（新华社记者 徐昱 摄）

▲ 2013 年 7 月 17 日，嘉绍跨海大桥亮灯夜景。嘉绍跨海大桥为六塔独柱双幅四索面钢箱梁斜拉桥，其中主航道桥为六塔五孔全长 2680 米的设计主通航孔满足通航 3000 吨级集装箱船的需要。（新华社记者 徐昱 摄）

▲ 2016 年 11 月 26 日，人们在怒江傈僳族自治州泸水县六库镇通过向阳桥，背后是几座新建的桥梁。（新华社记者 胡超 摄）

▲ 2009 年 12 月 23 日，地处贵州省关岭县与国家级风景名胜区黄果树瀑布交界处的坝陵河大桥正式通车。坝陵河大桥全长 2237 米，主跨 1088 米，距河面垂直高度 370 米。该桥的建成不仅极大方便了两岸群众，更实现了贵州与云南两省高速公路的快速连接。（新华社记者 杨楹 摄）

▲ 2018 年 5 月 1 日，湖南省吉首市矮寨大桥周边云雾缭绕。（龙恩泽 摄，新华社发）

▲ 笋溪河特大桥是一座典型的超高墩、大跨度、特长山区高速公路桥梁，大桥长 1578 米，桥面宽 24.5 米，最高桥墩 190.65 米，河面到桥面达 290 米。（新华社记者 解国清 摄）

▲ 2017 年 7 月 5 日，在港珠澳大桥上远眺澳门和珠海。（新华社记者 梁旭 摄）

▲ 2018 年 4 月 19 日，鸟瞰杭州湾跨海大桥。（新华社记者 翁忻旸 摄）

▲ 2018 年 1 月 9 日拍摄的新白沙沱长江特大桥（右）和修建于 20 世纪 50 年代的白沙沱长江大桥（左）。经过 5 年艰苦建设，位于重庆江津的世界首座双层六线钢桁梁铁路斜拉桥——新白沙沱长江特大桥 2018 年 1 月前后落成。新白沙沱长江特大桥全线长约 5.32 公里，其中主桥全长 920 米，是渝贵铁路跨越长江的重要通道和关键控制性工程。该桥上层为四线客车线，设计时速 200 公里；下层为两线货车线，设计时速 120 公里。（新华社记者 刘潺 摄）

▲ 图为 2019 年 6 月 24 日拍摄的飞仙关吊桥。飞仙关吊桥位于四川省芦山县飞仙关镇与天全县多功乡之间，是原川藏公路上的第一座吊桥。该桥于 1951 年竣工通车，1972 年飞仙关吊桥旁的飞仙关石拱大桥建成使用，飞仙关吊桥就此“退休”。（新华社记者 江宏景 摄）

▲ 图为 2018 年 12 月 30 日拍摄的四川雅康高速公路泸定大渡河兴康特大桥。2018 年 12 月 31 日，雅康高速公路全线建成并试通车运营，结束了四川省甘孜藏族自治州州府所在地康定市不通高速公路的历史。（新华社记者 江宏景 摄）

▲ 1965 年 7 月 8 日，黑龙江省九三农垦局所属的国营农场，在中国民用航空总局的帮助下，采用飞机喷药给麦田灭草。飞行员们起早来到机场装药，准备起飞。（新华社记者 胡伟 摄）

▲ 1984 年 12 月 30 日，上海民航食品公司工人正为旅客准备色香味俱佳的航空食品。（新华社记者 杨溥涛 摄）

▲ 1988 年 4 月 20 日，中国民用航空飞行学院的学生步出校门。（新华社记者 孙忠靖 摄）

▲ 1995 年 3 月 29 日清晨，一架满载 394 名乘客、机身绘有“袋鼠的梦幻”土著绘画作品的澳航波音 747—400 客机抵达北京首都机场，恢复了澳洲航空公司曾中断八年的中国航班。（新华社记者 张燕辉 摄）

◀ 2000 年 3 月 18 日，来自中国民航等十几家航空公司及美国、欧洲等航空公司的 150 余名现役飞行员、乘务员、机械师、空港商务员参加在北京举行的 2000 年北京国际航空服装服饰博览会表演总决赛。这是世界民用航空业首次举办以航空服装为主题的博览会。中国国际航空公司获得由现场记者评出的全场最佳风采奖。（新华社记者 刘宇 摄）

▲ 2007 年 10 月 28 日，在四川甘孜藏族自治州康定机场，人们载歌载舞迎来甘孜州历史上第一架民用飞机。康定机场位于四川甘孜州康定县西北的折多山上，海拔 4280 米，海拔高度仅次于世界海拔最高、海拔 4334 米的西藏昌都邦达机场。这次试飞成功结束了四川甘孜藏族自治州没有民用航空的历史。康定机场设计年旅客吞吐量为 33 万人次，货邮运量为 1980 吨。（新华社记者 杨纯 摄）

▶ 上图：深圳机场老航站楼。（新华社记者 潘家珉 摄）

下图：2013 年 11 月 28 日拍摄的新启用的深圳机场航站楼。（新华社记者 毛思倩 摄）

◀ 2017 年 9 月 21 日，在四川省广汉市中国民用航空飞行学院动态模拟机训练室，两名飞行学员使用动态模拟机进行飞行训练。（楚洪雨 摄，新华社发）

5.5 江河安澜：新中国水利 70 年

新中国成立后，党和政府把水利建设放在恢复和发展国民经济的重要地位，毛泽东主席号召“一定要把淮河修好”“要把黄河的事情办好”“一定要根治海河”。从 1950 年至 1960 年，国家集中有限财力投入攸关国计民生的水利项目，开展了对淮河、海河、黄河、长江等大江大河大湖的治理，在各流域上中游的水土流失区开展水土保持工程建设，治淮工程、长江荆江分洪工程、官厅水库、三门峡水利枢纽等一批重要水利设施相继兴建，掀起新中国第一个水利建设高潮。

改革开放特别是 20 世纪 90 年代后，随着经济社会的发展，防洪、水资源、水土流失和水环境污染等问题日益突出。党中央、国务院高度重视水利建设，把水利摆到了国民经济基础设施建设的首位，投入大幅度增加，江河治理和开发步伐明显加快，三峡、小浪底、治淮、治太等一大批防洪、发电、供水、灌溉工程开工兴建，水利建设呈现出了前所未有的高潮。

1998 年大洪水后，国家决定进一步加快大江大河大湖治理步伐。党的十五届三中全会提出“水利建设要坚持全面规划，统筹兼顾，标本兼治，综合治理的原则，实行兴利除害结合，开源节流并重，防洪抗旱并举”。紧接着，国务院实施“封山植树，退耕还林；平垸行洪，退田还湖；以工代赈，移民建镇；加固干堤，疏浚河湖”的政策措施。随即，长江干堤加固工程、黄河下游标准化堤防建设全面展开，治淮 19 项骨干工程建设加快推进，尼尔基、沙坡头、百色水利枢纽等一大批重点工程相继开工。同时，江河中上游水土流失治理力度进一步加大。

新中国成立 70 年来，国家先后投入上万亿元用于水利建设，水利工程规模和数量跃居世界前列，水利工程体系初步形成，江河治理成效卓著。水利部相关资料显示，目前，长江、黄河干流重点堤防建设基本达标，治淮19项骨干工程基本完工，太湖防洪工程体系基本形成，其他主要江河干流堤防建设明显加快。黄河干流上，小浪底水利枢纽的建成，大大缓解了花园口以下的防洪压力，使黄河下游防洪标准从原来的不足百年一遇提高到千年一遇，同时，基本解除黄河下游凌汛的威胁。浩浩长江上，三峡工程的投入运行，使长江荆江段防洪标准达到100年一遇，水电站年平均发电量达847亿千瓦时，万吨级船队每年有半年可直航重庆市。而在淮河流域，临淮岗、淮河入海水道等一批骨干工程的建设，终结了淮河数百年来洪患频发的历史。

我国江河治理已从开发利用为主向开发保护并重转变，注重水利建设中的生态保护问题，统筹经济、社会、生态效益和水资源的可持续利用，维护河流健康生命，大步走向人水和谐。

▲ 1950年10月14日，政务院发布《关于治理淮河的决定》，制定了上、中、下游按不同情况实施蓄泄兼筹的方针。新中国水利建设事业的第一个大工程拉开了帷幕。图为治理淮河的第二期工程中，民工在河南省泌阳县板桥水库工地施工。（新华社发）

◀ 1951 年，政务院发布《关于治理淮河的决定》后，安徽省政府积极响应，组织民工参加淮河中、下游治理工程。这是民工在润河集蓄洪分水闸工地施工。（新华社发）

1950 年七八月间，淮河流域发生了特大洪涝灾害。河南、安徽两省共有 1300 多万人受灾，4000 余万亩土地被淹。7 月 20 日，毛泽东批示："除目前防救外，须考虑根治办法，现在开始准备，秋起即组织大规模导淮工程，期以一年完成导淮，免去明年水患。"

在全国人民的支援下，治理淮河第一期工程于 1950 年 11 月底开工。数十万民工和工程技术人员奋战在治淮工程的工地上。1951 年 5 月，中央治淮视察团把印有毛泽东亲笔题词"一定要把淮河修好"的四面锦旗，分送到了治淮委员会和三个治淮指挥部，极大地鼓舞了治淮大军的士气。到 1951 年 7 月下旬，第一期工程全部完工。这期工程共完成了蓄洪、复堤、疏浚、沟洫等土方工程约 19500 万立方米（其中沟洫工程土工约 1 亿立方米），石漫滩山谷水库一座，板桥、白沙两处山谷水库的一部分，润河集蓄洪分水闸一座，其他大小涵闸 62 处，谷坊 155 座。治淮一期工程的竣工，保证了 1951 年淮河流域的丰收。满怀喜悦的农民，纷纷给毛泽东写信报告丰收情形。

1951 年冬，淮河两岸人民又投入到治淮二期工程的战斗中。1952 年 7 月，治淮二期工程结束；1953 年的治淮工程又开始了紧张的筹备。

经过 8 个年头的不懈治理，到 1957 年冬，国家共投入资金 12.4 亿元，治理大小河道 175 条，修建水库 9 座，库容量 316 亿立方米，还修建堤防 4600 余公里，极大地提高了防洪泄洪能力。

▲ 20 世纪 70 年代，江苏里下河地区群众投入兴建淮河入长江的水道第二期工程。（新华社发）

▲ 新中国第一个大型水利工程荆江分洪工程 1952 年 6 月 20 日完工。工程包括加固荆江大堤、修建南岸蓄洪区围堤及节制闸等。荆江分洪工程的完成，使分洪区可蓄水 55 亿立方米，分洪时可降低荆江沙市一带水位 1 米，维护了长江中游的航运和江汉平原 300 万人民、700 万亩良田的安全。图为工程施工时的情景。（新华社记者 张其军 摄）

▲ 我国水利建设中兴建的第一座巨型山谷水库——永定河官厅水库的工程，于 1954 年 5 月上旬全部完工。图为官厅水库全景。（新华社记者 盛果 摄）

▲ 陆河水库是河北省的重点水利工程之一，在 1956 年 7 月 17 日基本建成。这座水库的拦河坝长八华里，输水隧洞长 120 米，水库能蓄洪 2.08 亿公方。陆河水库建成后，消除了陆河洪水对唐山市的威胁，解决了唐山工业用水的需要，并保证了京山铁路在汛期的安全通车和陆河两岸的安全。图为陆河水库一角。（王佑生 摄，新华社发）

▲ 1958 年，劳动大军在十三陵水库工地上冒着滂沱大雨劳动。（陈勃 摄，新华社发）

▼ 1960 年，参加红旗渠建设工程的林县群众在工地上紧张施工。（新华社发）

▲ 1969 年 7 月 8 日，河南省林县红旗渠工程全部建成。图为河南省林县（今林州市）人民举行盛大集会，庆祝红旗渠竣工通水。（资料照片，新华社发）

葛洲坝工程是三峡工程的一次实战演练，这一工程的研究始于20世纪50年代后期。1970年12月中旬，周恩来主持中共中央政治局会议，讨论了葛洲坝水利枢纽工程的有关问题。随后，毛泽东做出批示："赞成兴建此坝。现在文件设想是一回事。兴建过程中将要遇到一些现在想不到的困难问题，那又是一回事。那时，要准备修改设计。"1970年12月30日这一天，8万军民举行葛洲坝水利枢纽工程开工大典，在万炮齐鸣声中，工程正式破土动工。从这时开始，中华民族依靠自己的智慧和胆识，朝着"截断巫山云雨，高峡出平湖"的宏伟蓝图迈出了第一步。

▲ 1954年8月，工人们在长江荆江分洪工程处闭闸的情形。（新华社发）

◂ 长江葛洲坝水利枢纽工程1981年1月3日开始大江龙口截流。（新华社发）

青铜峡水利枢纽工程在1958年动工兴建，1960年就发挥灌溉效益，1967年底开始发电，是新中国成立后在少数民族地区兴建的大型水利工程之一。它使纵横七千多平方公里的灌溉区得到了充足的水源，95%的生产队通了电，有力地促进了宁夏回族自治区工农业生产的发展。

▲ 图片拍摄于1974年9月24日的黄河青铜峡水利枢纽的拦河大坝，全长697米，高42米。（新华社发）

1955年，在充分勘查、科学论证的基础上，全国人大通过决议，要求采取有力措施，完成黄河上游刘家峡水电站工程的勘测、设计工作，保证工程及时施工。1958年，国家水电部成立刘家峡水电工程局，正式兴建刘家峡水电站，并列为国家156个重点项目之一。1961年，国民经济进行调整，刘家峡水电站暂时缓建。1964年，刘家峡水电站复工。1969年，刘家峡水电站拦河大坝等工程全部浇筑完毕。1975年，刘家峡水电站建成发电。这是中国独立自主、自力更生、自己勘测设计、自己制造设备、自己施工安装、自己调试管理的第一座百万千瓦级大型水电站，也是黄河干流上以发电为主，兼有防洪、灌溉、防凌、航运、养殖等效益的大型水利枢纽。该电站的厂房宽约25米，长约180米，有20层楼高。电站中央整齐排列着五台大型国产水轮发电机组，分别担负着供给陕西、甘肃、青海等省用电的功能。刘家峡水电站的建成发电充分说明，在中国共产党领导下，紧紧依靠人民群众，运用现代科学技术，黄河完全可以变害为利、造福人民；同时还说明，广大工人、干部和科学技术工作者自力更生、艰苦奋斗，团结一致，共同努力，就可以创造前无古人的奇迹。

▲ 1975年拍摄的刘家峡水电站大坝外景。（新华社记者 佟德印 摄）

▲ 1997 年 10 月 28 日，8 车石料向狭窄的围堰龙口倾泻而下，黄河小浪底水利枢纽工程截流成功。（新华社发）

作为治理开发黄河的关键性工程，黄河小浪底水利枢纽于 2009 年 4 月顺利通过竣工验收，由此标志着工程进入正常运行管理、全面发挥效益的新阶段，为人民治黄事业树起了一座新的历史丰碑。

◀ 2009 年 6 月 19 日，黄河小浪底大坝出水口的两条排沙洞开闸放水。（新华社记者 王颂 摄）

1994年12月14日，经过长达40年论证的长江三峡工程正式动工，这是迄今世界上最大的水利枢纽工程。2006年5月20日，全线浇筑达到186米高度的三峡大坝建成。自此，气势雄伟的三峡大坝矗立西陵峡谷，毛泽东“更立西江石壁，截断巫山云雨，高峡出平湖”的伟大预言终于成为现实。三峡大坝是中国大型水利工程三峡工程的重要组成部分。大坝全长2309米，混凝土浇筑总量超过1600万立方米，刷新了巴西伊泰普水电站1257万立方米的记录，为世界上规模最大的大坝。

▶ 2006年5月20日，位于湖北省宜昌三斗坪的三峡大坝建成了。激流澎湃，巨浪滔滔。（新华社发）

▶ 2008年11月7日，江水通过三峡泄洪大坝下泄。（新华社记者 杜华举 摄）

历史上，黄河“三年两决口，百年一改道”曾长期是中华民族的心腹之患，“黄河宁，天下平”的古谣道尽了黄河与国家民族命运的关系。

1946年，中国共产党领导的黄河水利委员会成立，翻开了人民治黄事业的新篇章。70年来，不羁的黄河实现了伏秋大汛岁岁安澜，为复兴路上的中华民族奉献了一份珍贵礼物。

1957年4月13日，新中国在黄河上修建的第一座大型水库——三门峡水利枢纽工程开工兴建。这项工程是根治和开发黄河的规划中最重要的一座防洪、发电、灌溉的综合性工程。1958年12月截流成功，1960年9月基本建成，1973年12月26日，第一台国产水轮发电机组投产发电。1978年底，全部5台发电机组安装完毕。

◀ 1992年8月16日，黄河第一号洪峰通过河南省花园口附近的一个村庄。（新华社记者 王颂 摄）

▲ 1999 年 8 月，从空中俯瞰黄河花园口。（新华社记者 王颂 摄）

▲ 2016 年 11 月 8 日，黄河从山西省永和县和陕西省延川县的晋陕峡谷中流过。（新华社记者 詹彦 摄）

▲ 20 世纪 50 年代丹江口（湖北）大坝开始建设时的场景。（新华社发）

“南方水多，北方水少，如有可能，借点水来也是可以的吧？”1952 年，毛泽东提出了南水北调的构想。经过几年的勘探和论证，1958 年，丹江口大坝动工建设。10 万民工肩挑背扛，用蚂蚁啃骨头的精神完成了大坝地基开挖和汉江截流工程。

1960 年，丹江口大坝进入坝体施工阶段。由于匆忙上马以及浇筑工艺和混凝土质量等问题，施工过程中，坝体出现了质量问题。经过停工整改和对大坝补强处理，1964 年恢复了大坝混凝土浇筑施工。1967 年底，丹江口大坝一期工程终于下闸蓄水，并网发电。此时，大坝高度 162 米，蓄水库容 174.5 亿立方米。

继丹江口大坝动工建设以来，近半个世纪之后的 2005 年，丹江口大坝坝体加高加宽工程才开始动工，进入“二期”建设阶段。2013 年 5 月 27 日，丹江口大坝坝顶浇筑下最后一仓混凝土，至此，大坝加高加宽工程全线完工。2013 年 8 月 29 日，南水北调中线丹江口大坝加高工程验收委员会在坝区宣布，丹江口大坝加高工程通过蓄水验收，正式具备蓄水条件。此时，大坝加高到了 176.6 米，蓄水库容 290.5 亿立方米。

经过两次大规模的建设，南水北调中线工程向京津冀豫送水，历经半个多世纪的南水北调梦想终于梦圆得以实现。

▲ 2006 年 2 月 14 日，正在进行加高加宽工程的丹江口大坝。（新华社记者 郝同前 摄）

▲ 2016 年 11 月 30 日拍摄的南水北调中线一期工程河南淅川陶岔渠首枢纽工程。（新华社记者 李博 摄）

▲ 2015 年 7 月 15 日，南水北调中线穿黄工程。（新华社发）

国家记忆

第六篇

民生画卷

6.1 从文盲大国到文化强国

新中国成立初期，我国教育水平低下，人口文化素质差，学龄儿童入学率只有20%左右，全国80%以上人口是文盲。20世纪50—70年代，我国重视发展基础教育。1978年，基本普及小学教育，学龄儿童入学率达到95.5%；1982年，文盲率降至22.8%。改革开放以来，我国教育进入全面发展时期，义务教育不断完善，高等教育逐步加强，国民受教育程度不断提高。2018年，九年义务教育巩固率达94.2%；普通本专科在校学生2831万人，比1978年增长32倍；15岁及以上人口平均受教育年限由1982年的5.3年提高到9.6年。党的十八大以来，我国教育事业取得新的历史性进展，总体发展水平跃居世界中上行列，现代职业教育体系初步建立。2018年，我国高等教育毛入学率已达到48.1%，高于中高收入国家平均水平；中等职业教育学校达到10340所。教育事业发展有效提升了全民族的科技文化素质，为社会主义现代化建设培养了大量人才资源。

▲ 1951 年，部队文化教员祁建华研究速成识字教学法，创立了一套适合部队战士学习的快速识字法。图为 1952 年 8 月，祁建华（左）帮助行军的战士学习注音字母。（新华社记者 岳国芳 摄）

► 1952 年 8 月 2 日，庆祝中国人民解放军建军 25 周年全军运动会在北京举行。图为运动员在进行识字赛跑比赛。（新华社记者 岳国芳 摄）

▲1958 年，云南玉溪县凤凰水库工地上的民工利用休息时间识字。（新华社记者 王传国 摄）

◀1974 年 10 月 1 日，北京市大兴县红星人民公社贫下中农和知识青年在丰收的场院上欢度国庆。（新华社记者 顾德华 摄）

▸ 1976 年，湖南省汉寿县明光水产养殖队下乡知识青年游洪涛（右）和明光水产养殖队科研小组成员在研究进一步饲养好甲鱼的方法。（新华社记者 孙忠靖 摄）

▾ 1977 年，在北京，参加高等学校入学考试的青年正在认真答卷。（新华社发）

▲ 1978 年 3 月，北京师范大学 1977 届新生在学习中交流。（新华社发）

▲ 1978 年 3 月，中国第一个少年班在中国科技大学创办。最小只有 11 岁的 21 名“神童”没有经过高考便直接被中国科学技术大学破格录取，组成少年班集中接受教育培养。图为中国第一届大学生少年班部分同学和老师的合影。（资料照片）

▲ 中国首批赴美留学的 50 名访问学者于 1978 年 12 月 27 日到达华盛顿。这是部分访问学者 1979 年 1 月 5 日在乔治敦城大学学习。（新华社发）

▲ 1982 年 6 月，中国举行了首次博士论文答辩。有 6 位研究生通过了博士论文答辩，分别获得了理学和工学博士学位。北京大学攻读博士学位的研究生张筑生，1982 年 7 月 6 日顺利通过论文答辩，成为我国第一个通过博士论文答辩的攻读博士学位的研究生。（新华社记者 顾德华 摄）

▲ 2008 年 3 月 13 日，甘肃省临泽县第一小学学生放学回家。“教育是民族振兴的基石，教育公平是社会公平的重要基础。”改革开放 30 年来，我国教育事业取得跨越式发展，国民素质显著提高，教育公平制度建设显著加强，更多困难群体受惠。（新华社记者 张锰 摄）

▲ 2009 年 3 月 25 日，西藏昌都地区实验小学四年级四班同学和老师在教室里合影。西藏昌都地区多年来坚持“教育优先发展”战略，教育事业得到快速发展，逐步形成幼儿教育、中小学教育、高等教育、成人教育、职业教育、特殊教育等较完整的教育体系，为国家和社会培养高素质人才奠定了坚实的基础。（新华社记者 何俊昌 摄）

▲ 2018 年 6 月 5 日，河北省衡水市第十四中学高三学生在做好复习备考的同时，开展多种形式的集体“减压”活动，帮助学生释放紧张情绪，以自信、平和、乐观的心态迎接高考。（新华社记者 朱旭东 摄）

▲ 2019 年 6 月 8 日，在陕西省西安市西安交通大学附属中学考点外，亲友们等待迎接考生。当日，全国部分地区 2019 年高考结束。（新华社记者 李一博 摄）

▲ 2019 年 5 月 23 日，青海省工业职业技术学校 2019 春季机电技术应用班（定向德令哈工业园）学生韩松校（右）在进行数控车削加工实训。近年来，青海针对布局结构不合理、专业设置大而全、产教融合度不高等问题，加快现代职业教育改革。一批产教深度融合、高原特色鲜明的职业院校和特色专业涌现，初步构建起具有青海特色的现代职业教育体系。（新华社记者 张龙 摄）

▶ 2019 年 6 月 6 日，拉萨盐井中学的学生们在上英语课。（新华社记者 晋美多吉 摄）

▲ 2019 年 7 月 24 日，在栈桥书店二楼的男生夜宿区，小读者在睡前读书会上阅读。暑假期间，青岛栈桥书店举行夜宿书店活动，邀请小读者们晚间走进书店亲近书籍，并通过睡前读书会、好书分享、枕书共眠等形式，培养孩子们良好的睡前阅读习惯，爱读书、读好书。（新华社记者 李紫恒 摄）

6.2 从“赤脚医生”到“超级医院”

新中国成立前，中国人曾被称为“东亚病夫”。新中国成立初期，我国医疗卫生水平很低，且大部分医院集中在城镇。20世纪50—70年代，经过努力，我国公共卫生体系初步建立。1978年末，我国医疗卫生机构17万个，床位数204万张，卫生技术人员246万人，但医疗卫生事业总体水平依然不高。改革开放以来，公共卫生领域投入不断加大，医疗科技水平迅速提高，医疗卫生体系建立健全。2018年末，全国共有医疗卫生机构99.7万个，比1949年末增长271倍；卫生技术人员952万人，增长17.8倍。疾病防控能力明显增强，居民健康状况显著改善。党的十八大以来，医疗、医保、医药事业深入发展，医疗卫生体制改革不断深化，分级诊疗制度逐步建立，全民医保体系加快健全，为人民健康撑起牢固保障网，我国医疗卫生事业发展成效显著。居民预期寿命由新中国成立之初的35岁提高到2018年的77岁，婴儿死亡率由新中国成立初的200‰下降到2018年的6.1‰，居民健康水平总体上优于中高收入国家平均水平。此时，一批经验丰富的“赤脚医生”在村里开起诊所，数量达到100多万人，他们有一个统一的名称——乡村医生。作为国家医疗卫生体系的“网底”，在多年的基层卫生建设中发挥着不可替代的作用。

从最初看病老三样“听诊器、血压计、体温表”，到如今的“B超、螺旋CT、血气分析仪”；从“赤脚医生”到顶级专家；从乡村诊所到“超级医院”……中国医疗卫生事业飞速发展。

◂ 20 世纪 50 年代，在中医研究院中药研究所任研究实习员的屠呦呦（前右）与老师楼之岑一起研究中药。（新华社发）

▸ 1959 年，中国科学院光学机械精密仪器研究所、上海精密医疗机械厂等部门共同合作、独立设计的我国第一台大型电子显微镜，具有比光学显微镜大得多的分辨能力，放大倍数达 10 万倍以上，在生物、化学、冶金、医学、物理等各方面有广泛的用途。（新华社记者 刘恩泰 摄）

▲ 在巴颜喀拉山海拔 4000 多米的高寒牧区，活跃着一支外科手术队伍，它是由青海省果洛藏族自治州上红科公社的藏族“赤脚医生”组成的，在公社党委领导下，这批从放羊娃培养起来的“赤脚医生”，平时分散在生产队坚持工作和劳动，一旦要做较大的手术，便集中在公社卫生所、大队合作医疗站或病人的帐房里，为牧民动手术。他们先后共完成阑尾切除、肝包虫摘除等 50 多例外科手术，全部成功。图为“赤脚医生”在为儿童注射防疫疫苗。（新华社记者 李基禄 摄）

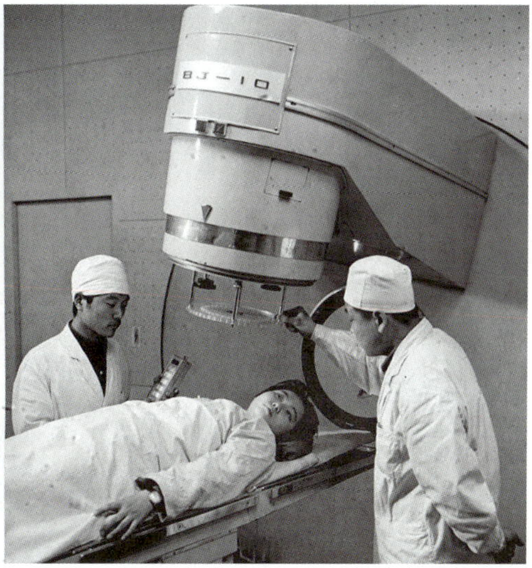

▲ 1979 年 7 月，北京市肿瘤防治研究所的医务人员使用我国自制的第一台医用电子直线加速器对癌症病人进行治疗。这种医用电子直线加速器是现代医学治疗癌症的一种重要工具，它既适合治疗人体深部内脏的恶性肿瘤，也可治疗人体浅层的恶性肿瘤。具有疗效高、副作用小、照射时间短等一系列优点，每天可治疗 80 名左右病人。左图是医务人员在操作，右图是病人在接受治疗。（新华社记者 喻惠如 摄）

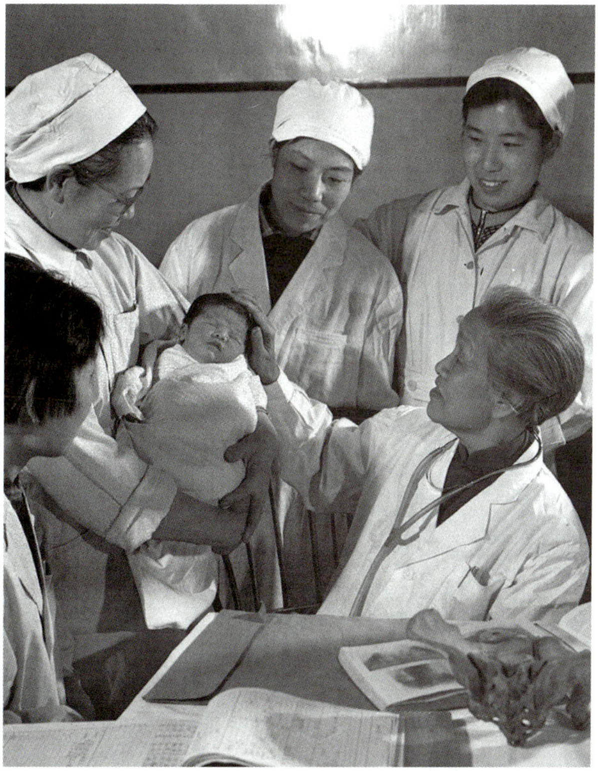

▶ 林巧稚是中国妇产科学的开拓者之一、新中国第一位中科院女学部委员，福建厦门人。她提出和主持了大规模的子宫颈癌普查普治，使其致死率迅速下降；在制定婚姻法、妇女劳动保护条例、倡导优生优育方面做出了巨大贡献，主编有《妇科肿瘤》。她于 1983 年 4 月 22 日逝世。图为林巧稚（前右）在检查初生婴儿的健康情况。（资料照片，新华社发）

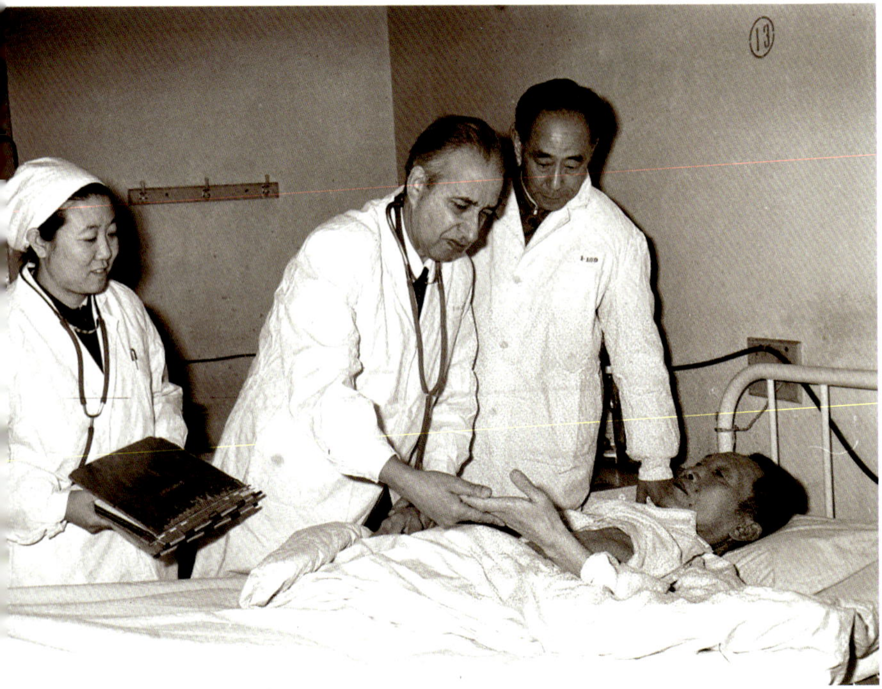

◂ 1994 年 12 月 4 日，杰出的国际主义战士汉斯 · 米勒逝世，享年 79 岁。米勒 1939 年 7 月到中国延安参加抗日战争医疗工作。1950 年加入中国国籍。新中国成立后，历任沈阳医学院第二附属医院院长、北京积水潭医院内科教授、北京医学院副院长。这是汉斯 · 米勒教授（中）和医生一起查病房。（新华社发）

▾ 中国医学科学院肿瘤研究所和肿瘤医院在北京建成，医院从 1983 年 8 月 10 日起正式开诊。这是我国最大的肿瘤研究医疗中心，它是周恩来同志生前批准的国家重点建设项目，它的建成，为我国肿瘤医学的研究、治疗和教学提供了比较先进的手段。（新华社记者 张树源 摄）

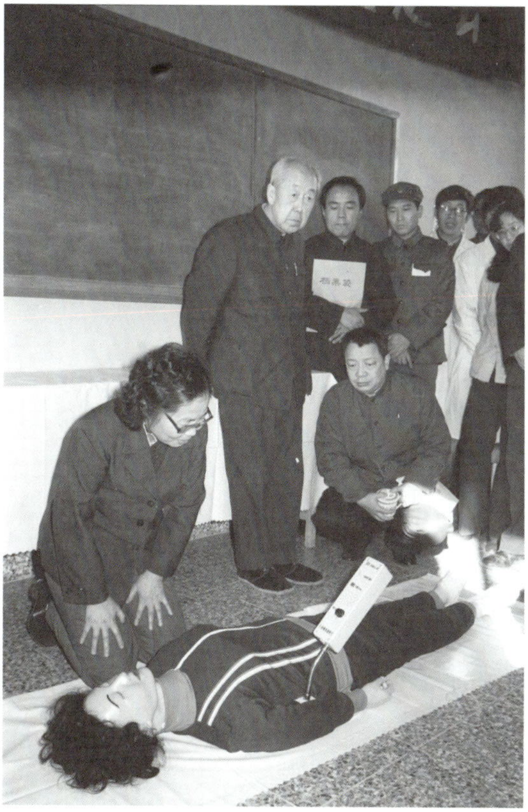

▲ 北京市心肺血管研究中心和劲松人体模型厂联合研制的我国第一台“SG—84A 型心肺复苏人体模型”，1985 年 1 月 19 日经各方面专家鉴定通过。它的研制成功，不仅为我国急救复苏医疗事业填补了一项空白，也为我国直观医疗教学增加了新的项目。图为专家们在实际操作“心肺复苏人体模型”。（新华社记者 薛铁军 摄）

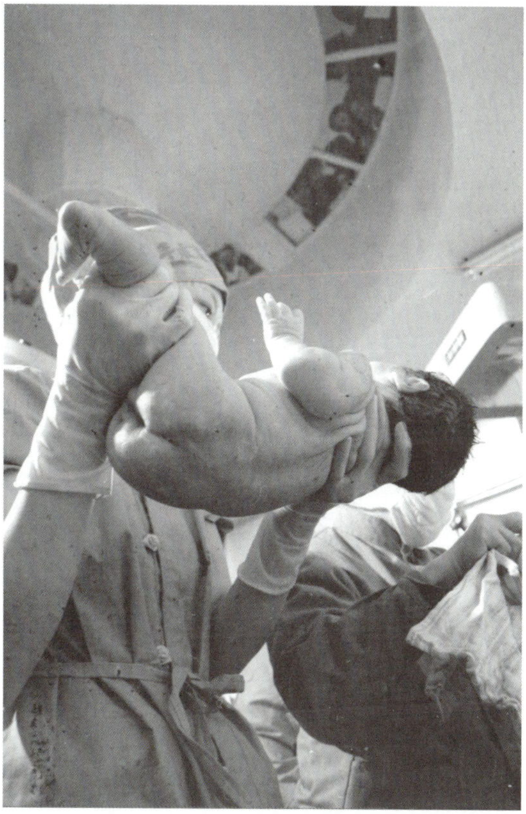

▲ 1988 年 3 月 10 日 8 时 56 分，中国大陆首例试管婴儿郑萌珠在北京诞生，出生时体重 3900 克，身长 52 厘米。这例试管婴儿的科研项目是北京医科大学生殖工程组负责人、中国妇产科专家张丽珠教授和她的同伴刘斌副教授合作完成的，表明中国大陆现代医学技术完成了一次重大突破。（新华社发）

▶ 图为 2003 年 4 月 21 日，北京地铁的工作人员在车厢内消毒。“非典”时期全国各地的交通部门对各种交通工具进行细致认真的消毒，保证乘客的出行安全。（新华社记者 李文 摄）

党的十八大以来，以习近平同志为核心的党中央统揽全局、系统谋划，从党和国家事业全局出发，做出推进健康中国建设的重大决策部署，突出重点、立柱架梁，从民生关切着手，实施一系列利当前、惠长远的重大举措，推动医药卫生体制改革由易到难渐次突破，为人民群众的共同追求、为民族复兴的光荣梦想不断夯实健康之基。

◂2015年9月23日，就医者在天津医科大学总医院的线下自助设备上取号。预约挂号、“一站式”结算等“智慧医疗”举措让就医效率高上去、“堵心”少一点。（新华社记者 岳月伟 摄）

◂2015年11月10日，当地医务工作者兴奋地把陈薇抛向空中，庆祝埃博拉疫苗在非洲开展临床试验取得成功。军事科学院军事医学研究院研究员、某研究所所长陈薇将抗病毒药物作为主攻方向，率领团队成功研制首个纳入国家战略储备的重组疫苗；“非典”期间，在最短时间验证ω干扰素的有效性，1.4万名预防性使用的医护人员，无一例感染；研发出世界首个2014基因型埃博拉疫苗。（张学文 摄，新华社发）

▶ 2017 年 1 月 5 日，几名贫困户在安徽金寨县贫困人口医疗补充保险受理窗口办理手续。（新华社记者 刘军喜 摄）

▶ 2018 年 1 月 12 日，在南京鼓楼医院，医护人员在产房内为新生儿洗澡。当日，南京鼓楼医院迎来我国干细胞治疗卵巢早衰临床研究的首个健康宝宝。这是世界首例干细胞联合支架材料治疗卵巢早衰临床研究诞生的婴儿，标志着我国再生医学技术治疗卵巢早衰研究取得重大突破。（新华社记者 李响 摄）

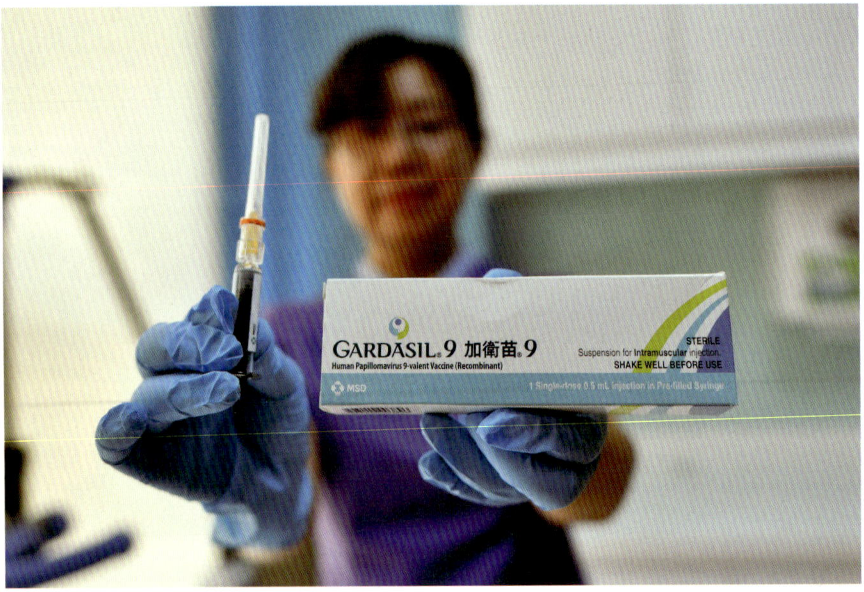

▲2018 年 5 月 30 日，海南博鳌超级医院和睦家医疗中心护士展示九价 HPV 疫苗。当日，中国内地首批九价 HPV 疫苗在海南博鳌超级医院和睦家医疗中心开始接种，来自北京的史佳雨接种了第一针九价 HPV 疫苗。（新华社记者 郭程 摄）

▲2015 年 9 月 16 日，两名保险公司工作人员在甘肃省人民医院大病医疗保险服务窗口为患者办理大病医疗保险业务。为提高城乡居民大病保障水平、解决“看病难、看病贵”问题，甘肃省以城镇居民基本医疗保险和新型农村合作医疗为依托，在试点基础上全面推行城乡居民大病医疗保险。（新华社记者 陈斌 摄）

▸ 2016年10月10日，国内白内障和眼内屈光手术专家、北京美尔目医院院长叶子隆与延安大学附属医院的医疗团队在陕西延安免费为白内障患者进行手术治疗。（新华社记者 邵瑞 摄）

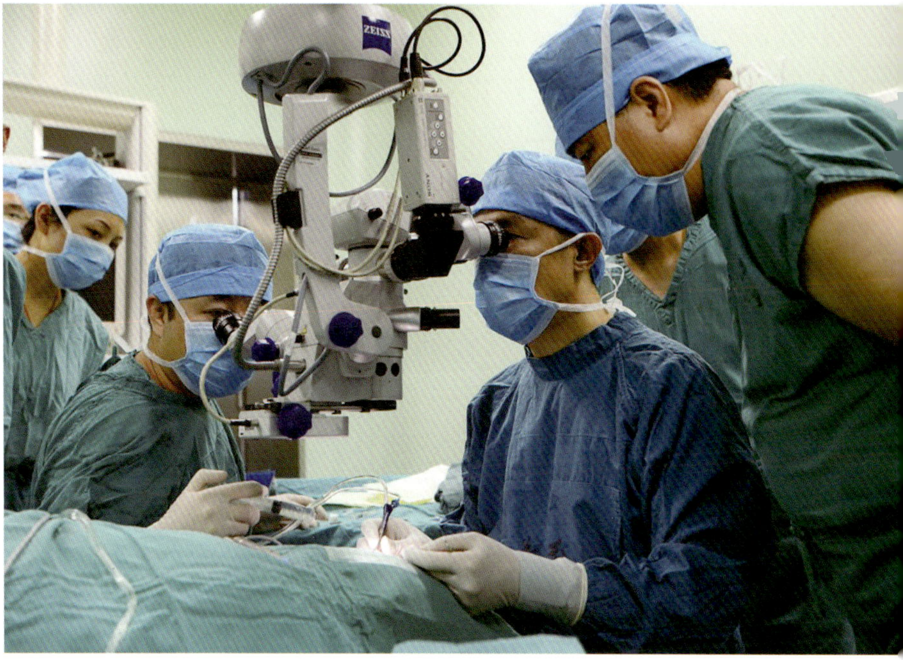

▾ 2018年8月21日，海南博鳌乐城国际医疗旅游先行区。（新华社记者 郭程 摄）

6.3 从自行车王国到汽车强国

1981 年，国务院决定大力发展自行车、缝纫机等十种日用机电产品生产。1986 年头 11 个月，全国自行车产量达 3229 万辆，相当于平均一秒钟不到，就有一辆新自行车出厂。轻便车、女装车、彩色车在城市销售火爆。

到了 20 世纪 80 年代末，中国自行车保有量达到 5 亿辆，成为名副其实的“自行车王国”。当时人口过千万的北京有 800 万辆自行车，除去老人孩子，几乎一人一车。高峰时段，东单、南河沿、西单等路口每小时就有两万多辆自行车通过。浩浩荡荡的自行车大军成为当时中国城市的一大独特景观。

▼ 20 世纪 70 年代初，上海自行车三厂生产的各种凤凰牌自行车。（资料照片）

▲ 20 世纪 80 年代初，在四川省新都县的自行车展销门市部，一对青年男女在选购自行车。（资料照片，新华社发）

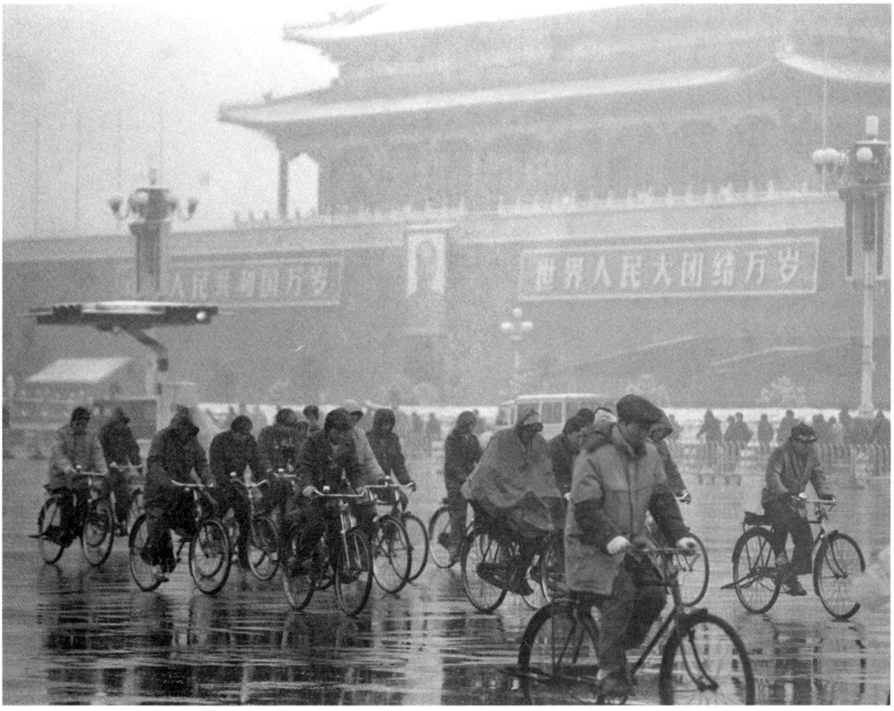

▲ 1988 年，冒雪骑车上班的北京市民。（资料照片，新华社发）

▲ 1997 年 1 月，石家庄的交通警察在指挥自行车通行。（新华社发）

▲ 2017 年 6 月 29 日，在英国曼彻斯特，几名警察在摩拜单车投放仪式上合影。中国兴起的共享单车开始走向世界。（克雷格 · 布拉夫 摄，新华社发）

▲ 1958 年 8 月，第一汽车制造厂试制成功中国人自己设计、制造的第一款高级轿车——“红旗”轿车。（新华社发）

▲ 1991 年 12 月 7 日，北京汽车行业的代表聚集在北京轻型汽车有限公司，庆祝 1991 年生产的第 10 万辆北京牌汽车开下总装线，并交到用户手中。（新华社记者 喻惠如 摄）

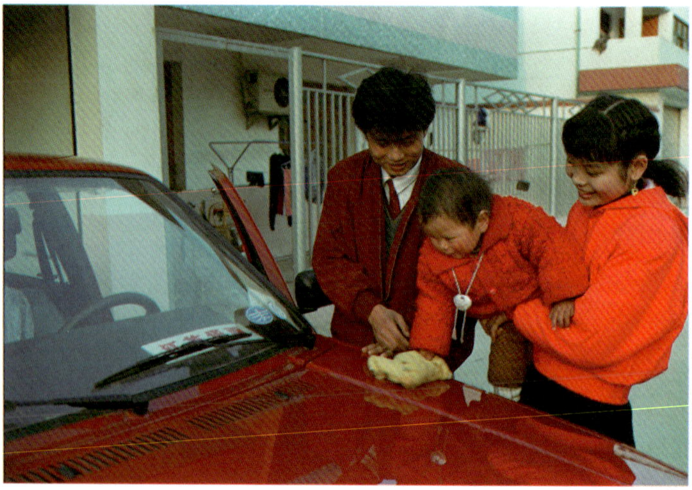

◂ 1994 年 7 月，我国首次宣布鼓励私人购买轿车的政策。据统计，1995 年，我国“私家车”保有量就达 249.96 万辆。随着轿车工业的迅速发展，人民生活水平的提高，“私家车”将更多地进入百姓家。这是江苏省江阴市华西村村民赵建刚进城办事，以车代步。（新华社记者 高梅及 摄）

▸ 2000 年 7 月 9 日，北京五大出租车公司订购 3000 辆一汽大众捷达轿车签字仪式在北京举行。此举是北京市出租车行业“用名牌轿车、创名牌企业”、树立北京大都市形象的新举措，也标志着捷达经济型轿车开始大规模加入北京出租汽车行业。这是仪式后，首批 300 辆“捷达”驶向北京街头。（新华社记者 李俊东 摄）

◂ 2002 年 6 月 13 日，第七届北京国际汽车工业展览会圆满闭幕，40 多万名观众对家庭轿车倾注了极大的热情。2001 年，在加入世贸、汽车降价等利好条件下，北京车市持续旺销。当时，北京机动车保有量已达 170 多万辆，而私家车达到每百户拥有 11 辆，这两项全国城市中第一的数字体现了首都的轿车普及程度。图为中国国际展览中心车展现场。车展期间，“何时买车、买哪款车”成为京城百姓热门话题。（新华社记者 庞兴雷 摄）

▲ 2019 年 8 月 28 日，在“5G 自动驾驶科技示范体验”活动现场，一辆自动驾驶汽车挑战赛的参赛车辆驶入 5G 自动驾驶试乘体验乘车点。（新华社记者 刘潺 摄）

6.4 舌尖上的民生

民以食为天。新中国成立前，中国大多数普通老百姓很难吃得饱肚子。低下的生产力加上连年战乱，让这片土地上的人们历尽艰辛。新中国成立后，虽然农业生产有较大幅度提高，但是人口多底子薄的现实，还是让人们不得不勒紧裤腰带过日子。1953年，国家制订了粮油统购统销的制度，粮票、油票、肉票等票证的出现，让老百姓吃饭都要“定量”。实行市场经济后，粮票开始光荣“退休”，它也跟随计划经济时代镌刻进老百姓最深处的记忆里。

之后，生产力的发展和市场经济的活力给老百姓带来了实实在在的好处。20世纪90年代，全国流行“下馆子”，邀亲朋好友到饭店吃饭，成为一件体面的事情。不同菜系的餐馆也开始在全国范围内落地生根，各种风味的西餐厅纷纷涌现，农家饭也走入了城市人的视野，人们吃饭有了更多的选择。进入21世纪，人们将饮食焦点转移到了健康上：蔬菜要吃无污染的，粮食要吃当年的，鱼虾要吃活蹦乱跳的，肉禽要吃排酸的，花生油要专找非转基因的……

如今，面对饭桌上既丰盛又营养的饭菜，我们也可以回首过去，看看一张小小餐桌，折射出怎样的巨变。

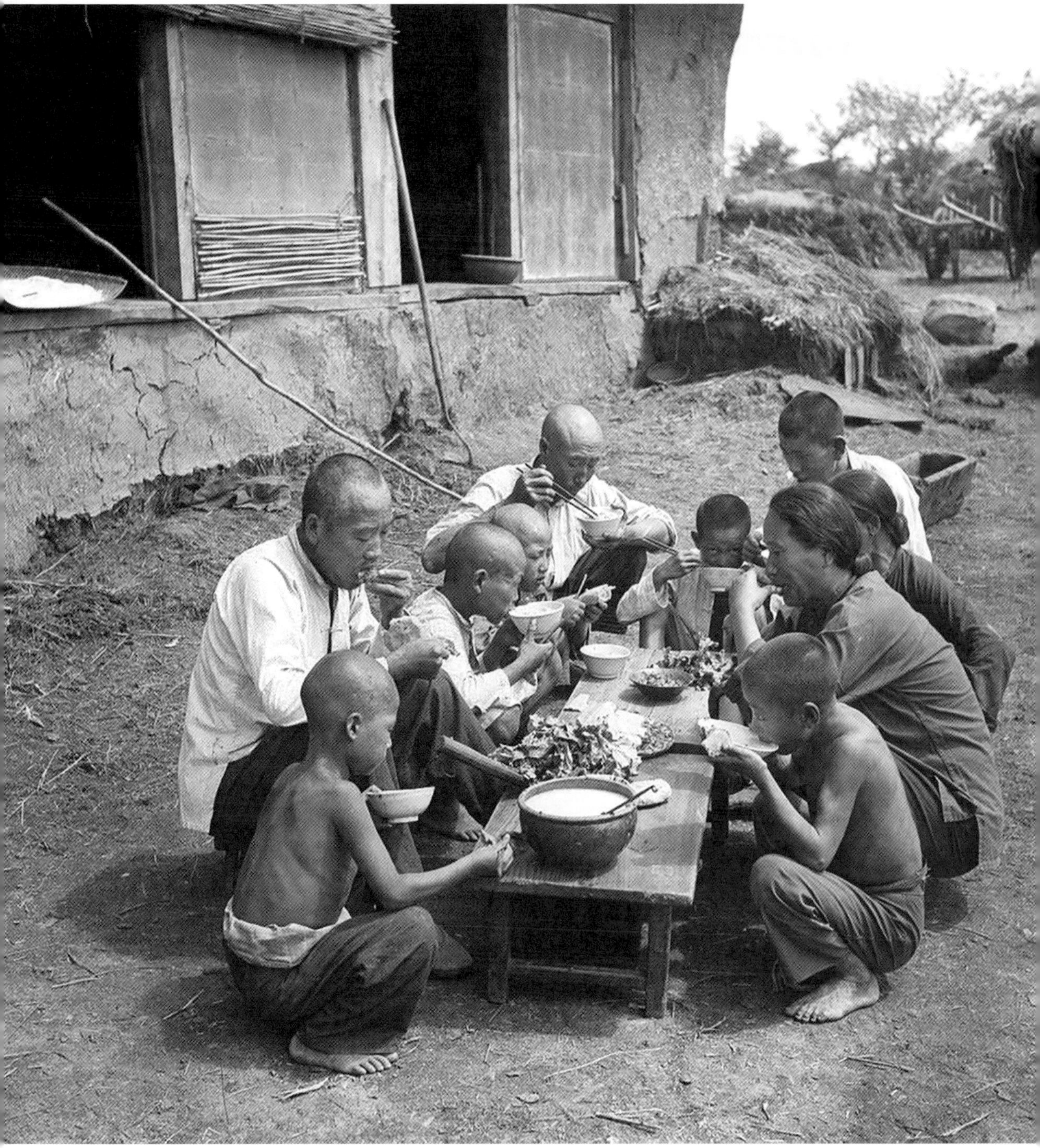

▲ 1949 年，河北省宝坻县 8 户村民在政府的帮助下，举家迁移到黑龙江省讷河县十三区张蒙古屯安家落户、开垦荒地。图为 1950 年河北移民在庭院里吃饭的情形。（新华社记者 葛力群 摄）

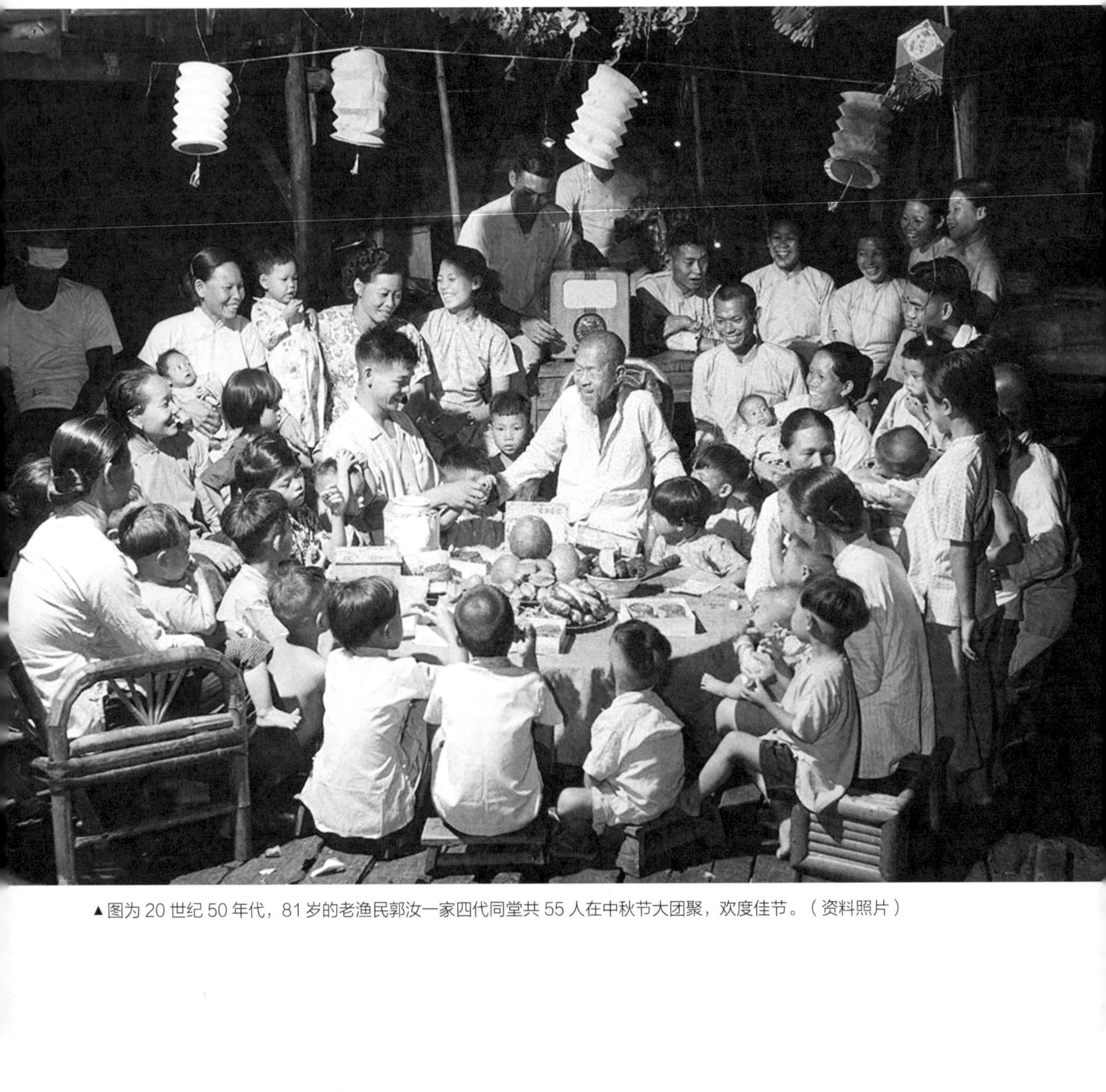

▲图为 20 世纪 50 年代，81 岁的老渔民郭汝一家四代同堂共 55 人在中秋节大团聚，欢度佳节。（资料照片）

▲ 1953 年 7 月 2 日，从日本归国的华侨抵达天津，招待所的餐厅里准备了丰盛的饭菜招待归侨。（新华社发）

◀ 1953 年春节，天津市汉沽区芦台王德铸（左一）一家人吃团圆饭。吃团圆饭是绝大多数中国家庭的守岁方式。（新华社发）

◀ 图为 1957 年初冬，北京东来顺餐厅一角。东来顺是北京著名的涮羊肉餐馆。（新华社记者 邹健东 摄）

1958年3月2日，北京天桥商场下放干部在南口果木农场的荒地上种植果树。
图为他们在荒地沙坡上吃窝窝头。（新华社记者 安康 摄）

▲ 1958 年 6 月 29 日，北京市西城区宗帽胡同办事处第二居民委员会办起了“群众食堂”，很受居民欢迎，家里做饭不方便的居民都可带着粮票来食堂吃饭。（新华社记者 楚英 摄）

▲ 1958 年，北京海淀人民公社青龙桥工作站提出“吃饭不花钱，努力搞生产”，一日三餐集体安排统做统吃。图为社员排队打饭。（新华社发）

▲ 1984 年 5 月，为解决职工子女吃饭难的问题，长春第一汽车制造厂第十二职工食堂六一前开设儿童餐厅，受到职工的赞扬。（新华社记者 袁兆义 摄）

▲ 1992 年 5 月 11 日，坐落在北京王府井大街的香港美食城总店一楼海鲜大厅正式开业。这个高档餐厅拥有 150 个座位，由来自香港的总厨师掌勺，受过专门培训的餐厅服务员上岗服务。（新华社记者 张燕辉 摄）

► 1993 年 5 月 10 日是北京开放粮油价格第一天，朝阳区西石门粮店的店员在登记注销最后一批粮票。北京流通了几十年的粮票油票宣布作废。（新华社记者 刘卫兵 摄）

▲ 2007 年 1 月 13 日，阿炳师傅在烤全羊。当日，在南宁市天池山大型烧烤美食节上，广西厨师阿炳师傅在助手的帮助下用 98 分钟现场烤制 118 只全羊。（新华社记者 刘广铭 摄）

▲ 2008 年 8 月 17 日，外国游客在秀水街的西餐厅用餐。（新华社记者 李晓果 摄）

▲ 2016 年 6 月 13 日，食客在品尝小龙虾。当日，为期一周的江苏淮安盱眙“龙虾美食周”拉开帷幕。近 3 万食客云集盱眙“龙虾节”广场品尝小龙虾，当晚现场准备的约 30 吨小龙虾被消费一空。（新华社记者 李响 摄）

◀ 2016 年 6 月 20 日，游客在烟台张裕酒文化博物馆立体画作前拍照留念。近年来，具有百年历史的烟台张裕葡萄酒股份有限公司在葡萄酒工业旅游方面形成了“国内 8 大酒庄 +1 个酒文化博物馆”的布局，目前在山东、北京、宁夏等地共拥有 6 家 4A 级旅游景区，年接待游客 100 万人次以上。（新华社记者 李晓果 摄）

▶ 2016 年 6 月 20 日，游客在烟台张裕酒文化博物馆参观。（新华社记者 李晓果 摄）

◀ 2018 年 6 月 15 日，在贵州省仁怀市茅台镇一家酒文化博物馆内，游客在了解酱香型白酒的制作过程。近年来，贵州省仁怀市茅台镇重点推广“酒旅融合”工业旅游新模式，把“酒”列为旅游产业发展的重点元素，推出可体验、可个性化定制、可品评、集艺术性与观赏性于一体的新型旅游产品，让游客全面了解丰富的酒文化，近距离感受茅台酒的品牌影响力，拓展产业价值空间。（黄晓海 摄，新华社发）

▲ 2018 年 10 月 23 日，贵州省仁怀市茅台镇茅台酒厂的白酒包装车间一角。重阳节后，位于赤水河畔的贵州省仁怀市茅台镇的各个白酒厂进入酿酒忙碌时节。酿酒工人将糯高粱放入酒甑内蒸煮，按照踩曲、拌料、摊凉、堆积等传统工艺进行酿酒，酿酒车间一派繁忙。（新华社记者 林立平 摄）

▲ 2019 年 8 月 22 日，团队赛参赛选手在制作菜品。2019 中餐烹饪世界锦标赛于 8 月 21 日在辽宁省大连市开幕，8 月 22 日正式进行比赛。本次大赛主题为“中餐的世界，世界的中餐”，旨在加强全球中餐烹饪技艺交流，弘扬中餐工匠精神，持续提升中餐饮食文化的国际竞争力。（新华社记者 卢烨 摄）

6.5 追寻流行色

如今的人们是否知道或记得20世纪50年代人们的衣着？由于物资短缺，那时服饰的品种、款式和面料几乎无可选择，朴素的人民装以蓝、灰、黑、白为基调，加上女式的花布衣裙，构成了人们穿衣的主线，从苏联流行并传到中国的“列宁装”和“布拉吉”成为当时的时髦装束。简单的装束，简单的选择，简单的生活，人们在简单中找寻快乐。

进入21世纪，人们对衣服款式和面料的选择有了巨大的空间，穿衣已经不是简单的“穿”，而更多的是体现个性、职业甚至心情。当我们随时可以用各种购买方式买到自己称心的衣服时，回头再看看那些发黄照片中衣着简朴的人们，是否会让我们对今天的生活倍加珍惜？

▲ 1951 年 10 月，身着中山装的机关干部参加欢迎中国人民志愿军战斗英雄代表大会。（新华社发）

▲ 1953 年 4 月，图为身着花布上衣的北京元培小学学生。（新华社发）

▲ 图为 1954 年 11 月，身着手工编织毛衣的北京小学生在观看演出。（新华社记者 蒋齐生 摄）

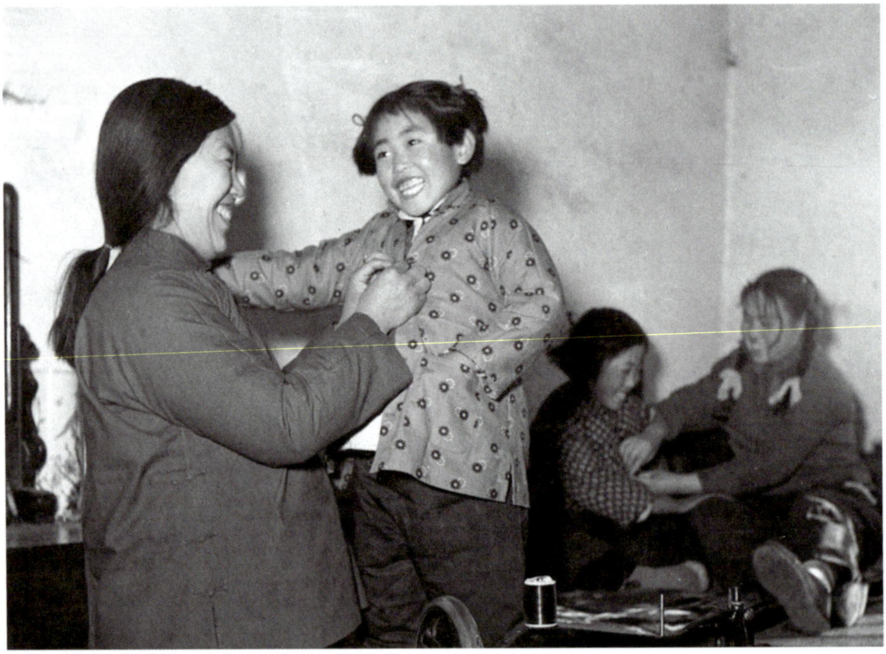

▲ 图为 1954 年春节，河北省唐山解家套农业生产合作社的小女孩陈小翠正在试穿妈妈刚做好的新衣。（新华社发）

▲ 1957 年 2 月，图为哈尔滨亚麻纺织厂的女工在试穿“布拉吉”。（新华社发）

▲ 图为 1959 年 11 月 5 日，在北京参加全国群英大会轻工业系统先进经验交流会的巧裁缝王宏牛（左一）和骆法福（左二）在交流剪裁中山装的经验。（新华社记者 姜智 摄）

▲ 1984 年 3 月，上海举办首次流行色丝绸时装表演。表演的丝绸时装有沙滩服、旅游服、海滨服、便服、晚礼服、宴会服等数百种款式，显示出中国丝绸服装设计制作水平，也是中国制作具有国际流行色彩时装的一次尝试。图为在上海举办的首次流行色丝绸时装表演结束时，穿着各种时装的模特向观众谢幕。（新华社记者 夏道陵 摄）

▲ 1987 年 4 月 2 日，上海首次举办国际流行色应用展览，展出了未来一年国际服装及日用工业品将流行的色彩。图为上海第七丝绸印染厂的模特儿在展览会上展示该厂生产的国际流行色时装面料。（新华社记者 夏道陵 摄）

▲ 1987 年 4 月中旬，中国服装研究设计中心和《中国服装》杂志社联合举行服装流行趋势发布会，向北京消费者推出 1988—1989 年新潮服装上百套（件）。这是部分流行色新潮服装。（新华社记者 戴纪明 摄）

◂ 1959 年夏天，北京一对青年工人的婚礼。他们收到的彩礼全是日用品。（新华社发）

▸ 1964 年藏历年期间，西藏拉萨市郊章热村的青年贡堆（左）和强巴卓噶（右）举行了结婚仪式。（新华社发）

◂ 1979 年，共青团武汉市委为 59 对青年男女举行集体结婚典礼，并向他们赠送了纪念品。（新华社发）

▸ 1985 年 2 月 22 日晚，前中国女排队员周晓兰和前中国男排队员侯晓非在女排训练基地福建漳州举行结婚典礼。（新华社发）

◂ 1988 年 2 月 14 日，99 对青年男女在北京长城饭店举行集体婚礼。美联社摄影记者尤聂耳（右三）、路透社摄影记者爱德华（右二）正为一对新人拍结婚照。（新华社发）

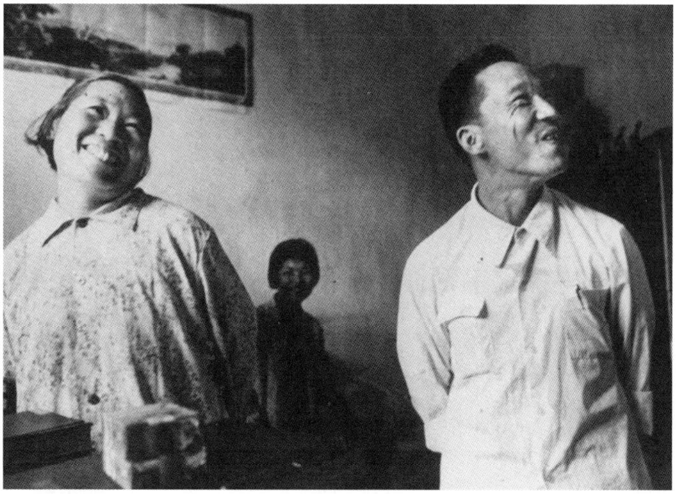

▸ 1989 年，湖北长阳土家族自治县的李进优老人和刘云春老人经自由恋爱终成一家人。在此之前他们分别失去了自己的配偶。（新华社发）

2008 年 10 月 26 日，北京市公安局为一批因奥运安保工作而推迟婚期的青年民警举行集体婚礼，208 对新人在国家体育场“鸟巢”旁缘定终生。（新华社发）

6.7 新中国妇女风采

▲ 1949 年 3 月 24 日，中国妇女第一次全国代表大会在北平中南海怀仁堂召开。本次会议正式宣布成立中华全国民主妇女联合会。何香凝任名誉主席，蔡畅为主席，邓颖超、李德全、许广平任副主席。1957 年 9 月改称中华全国妇女联合会，简称“全国妇联”。（新华社发）

▲ 1950 年 12 月，河北定县翟城村扫盲冬学普遍展开。图为挟着课本去上学的农村妇女。（新华社记者 王纯德 摄）

▲ 1952 年 3 月 8 日，在首都某机场举行庆祝新中国第一批女航空人员“三八”起飞典礼。一早，7000 多位北京的女学生、女工人、农妇、家庭妇女涌到机场，前来庆祝这个具有历史意义的大喜事。宽阔的机场上呈现一片节日的景象。（牛畏予 摄，新华社发）

▲ 图为 1952 年，山西省平顺县西沟村李顺达农林畜牧生产合作社的妇女识字小组在上课。（新华社发）

▲ 2004 年 3 月 4 日，在俄罗斯首都莫斯科的中国驻俄罗斯大使馆，一名中国姑娘在中俄妇女联谊会上表演茶艺。当天，中国驻俄使馆的女外交官们邀请俄罗斯部分部长夫人共聚一堂，喜迎“三八”国际妇女节。（新华社记者 张维革 摄）

▲ 2014 年 8 月 20 日，原陆军第 38 集团军某特战旅女子特战队员在“和平使命—2014”联合反恐军事演习的前期分组训练中进行实装实兵训练。（新华社记者 张领 摄）

▲ 2018 年 3 月 6 日，“三八”国际妇女节到来之际，中建三局西北公司 20 多位建筑女工在西安国际医学中心项目部进行一场工地时装秀。这些平时承担信号工、钢筋工、塔吊指挥、保洁等工作的女性换上华服，走上 T 台一展风采。（新华社记者 刘潇 摄）

▲ 2019 年 3 月 7 日，女嘉宾们在招待会上合影。当日，纪念“三八”国际妇女节中外妇女招待会在北京隆重举行。（新华社记者 张玉薇 摄）

▲ 2019 年 3 月 8 日，杭州地铁 7 号线工地的女工在参加集体跳绳游戏。当日是“三八”国际妇女节，中铁七局西安公司杭州地铁 7 号线项目部的 37 位工地女工齐聚一堂，以集体游戏的形式欢度节日。她们中有木工、钢筋工、混凝土工、保洁员和炊事员。（新华社记者　黄宗治　摄）

▲ 2019 年 3 月 8 日，几名孕妇展示刚领到的“孕妈妈专属公交卡”。当日是“三八”国际妇女节，青岛交运集团举行“关爱孕妈妈，文明出行”活动，向岛城孕妈妈发放 5000 张“孕妈妈专属公交卡”。该卡具有特征标识和打卡语音提示功能，为孕妇出行提供更多的关爱和呵护。（新华社记者　李紫恒　摄）

6.8 “六一，我们的节日”

为了保障全世界儿童的权益，1949 年 11 月，国际民主妇女联合会在莫斯科召开执委会决定，将每年 6 月 1 日定为国际儿童节。新中国成立后，中央人民政府政务院于 1949 年 12 月 23 日规定，将中国的儿童节与国际儿童节统一起来。

◂ 在黑暗的旧中国，人民遭受帝国主义的残酷压迫和剥削，长期生活在水深火热之中。儿童的基本权益根本得不到保障，流离失所，悲惨的童年比比皆是。这是一对贫苦夫妇因生活所迫，在街头出卖自己亲生的女儿。（新华社发）

▲1950 年 10 月 1 日，少年儿童队方阵行进在长安街。（丁一 摄，新华社发）

▲ 1951 年，中山公园内新华书店售书亭为了庆祝六一国际儿童节，为儿童准备了大批儿童读物。图为游玩的少年儿童队员们围着书亭看儿童读物广告，准备购买自己所喜欢的书籍。（曹兴华 摄，新华社发）

▲ 吉林省长春市在 1953 年专为孩子们修建的我国第一所儿童电影院已在 1954 年开幕。图为长春儿童电影院外景 。（李玉成 摄，新华社发）

◄ 1955 年 6 月 1 日上午，首都的中外儿童在北京饭店举行联欢，庆祝六一国际儿童节。（新华社发）

◀ 1955 年 12 月 10 日，安徽省屯溪市第一小学的辅导员在教学生们观测日食。（王勉之 摄，新华社发）

▶ 1956 年 5 月 30 日，哈尔滨市少年宫的航空模型小组的少先队员，制作好一批滑翔机模型，迎接六一儿童节。这是他们在准备试飞的情形。（新华社发）

◀ 图为 1956 年 12 月，河北省高阳县邢果庄村的小学生们在空地上跳绳。（新华社发）

▸ 图为 1957 年冬，沈阳市第一育才小学的学生在滚铁环。滚铁环于 20 世纪六七十年代流行于全国各地。孩子们手捏铁棍或铁丝，推着一个黑铁环向前跑，发出悦耳的声音。（新华社记者 葛力群 摄）

▲ 图为 1958 年 6 月 1 日，首都儿童在人民英雄纪念碑前集会，纪念革命烈士。（新华社发）

▲ 1958 年 6 月，河南偃师县新新农业社幼儿园的孩子们结队来到麦田，看大人们如何劳动。（新华社记者 杨震河 摄）

▲ 图为 1958 年 11 月，广州市郊区三元里一所幼儿园的小朋友们在老师的指导下做泥工。（新华社记者 郭伟祺 摄）

▲ 图为 1959 年 12 月，兰州一只船小学的孩子们在课后进行跳皮筋比赛。（新华社发）

▲ 1987 年六一儿童节前夕，第三届儿童书市在中国儿童少年活动中心开幕。这是小朋友们在书市上挑选自己喜爱的图书。（新华社发）

▲ 1993 年 7 月 21 日，北京市宣武区千名少年儿童在奥林匹克体育中心参加“同盼奥运，情系中华”系列活动，以表达他们对北京申办 2000 年奥运会的支持。图为宣武区的少年儿童代表向中国奥申委呈递支持信。（新华社记者 黄景达 摄）

▶ 1995 年，藏历新年前夕，拉萨许多藏族家庭开始为孩子购买电脑学习机，作为儿童新年礼物。图为小达瓦有了自己的学习机。（新华社记者 索朗罗布 摄）

▲ 2019 年 8 月 6 日，在波黑首都萨拉热窝，中国无锡市少年宫合唱团成员在演唱。当日，由中国无锡市少年宫合唱团带来的“一带一路 · 民意相通”少儿合唱音乐会在萨拉热窝青年宫举行，在两国民众间搭建起一座民意相通的桥梁。（内迪姆 · 格拉博维察 摄，新华社发）

6.9 消费：从凭票供应到移动支付

眼下二十来岁的年轻人，对于粮票之类的票证往往不知所云，但对于他们的父辈来说，这些票证却能勾起他们对于物质稀缺年代最深切的回味。新中国成立初期，由于物质缺乏，票证成为人们购买商品的重要凭证。我国粮票发行的历史始自1955年，曾是国家保证城镇居民用粮的票证，随着改革开放的进程，粮、副产品供应日渐充足，国家于20世纪90年代初期取消了这一“第二货币”。

改革开放后，我国商品供应逐渐充足，票证渐渐淡出历史舞台，而各类银行卡成为支付的新方式。

随着互联网的普及，支付宝、微信、百度钱包、银联“云闪付”、翼支付等第三方支付方式的出现，让移动支付已逐渐成为一种消费时尚和潮流。

1957年，东北纺织管理局的工作人员养成了节约粮食的良好习惯。这是在假日外出的人，缴回节余的粮票。（资料照片）

◂ 1957 年 8 月，辽宁省沈阳市各平区遂川街第二粮食供应站设立了表扬台，表扬在节约粮食方面有办法、有成绩的住户。（阚振声 摄，新华社发）

▸ 1960 年 12 月，山东省济南市历下区第七粮店处处便利群众，登门写票，送粮到户。这是服务员刘祚生（右）正在秦大娘家开粮票。（宋振亮 摄，新华社发）

◂ 1966 年春节前夕，上海市民在商店里选购塑料花。塑料花作为年货曾在中国流行了 20 多年。（新华社发）

年货的演变史可以说是我国经济发展史的缩影。在物资匮乏的年代，老百姓攥着米票、面票、布票、油票、肉票在供应站门口通宵排“长龙”抢购年货的场面，曾是春节前的一道景观。如今，我国的经济水平大幅提升，商品物资极大丰富，年货的品种增多了，年货的结构变化了，年货的档次也提高了。

▸ 1978 年，北京市民在排队购买年货。（新华社发）

▲ 20 世纪 80 年代的上海市场，过去紧俏的工业品已陆续取消凭票供应的办法，广大消费者储币待购、持币选购的情况逐步减少，为了适应市场的新变化，上海商业部门努力改善经营管理，加强市场预测，使产品更加适销对路，满足顾客的需要。（资料照片）

▲ 2013 年 8 月 20 日，工作人员演示用 NFC 手机支付功能进行刷卡消费。当日，中国移动甘肃公司与浦发银行兰州分行共同推出甘肃省首张手机支付银行卡。NFC 手机支付就是将银行卡信息写入手机 SIM 卡，并直接通过手机完成包括卡片开卡、账户充值、支付在内的诸多金融服务交易，无需任何银行网点或自助设备，可在全国各类消费场所 120 余万台标有银联“QuickPass 闪付”标示的 POS 机上使用。（新华社记者 张锰 摄）

▲ 2014 年 9 月 1 日，全球最大单体免税店三亚海棠湾免税购物中心正式开业。（新华社记者 郭程 摄）

▲ 2017 年 6 月 9 日，旅客在往返于上海与日本之间的歌诗达邮轮赛琳娜号的餐厅点饮料。游客可通过扫码将支付宝帐户与邮轮的房卡进行关联，用于船上购物、餐饮、娱乐活动以及岸上观光等消费。（王颖 摄，新华社发）

▲ 图为 2017 年 9 月 18 日，在芬兰赫尔辛基，支付宝欧洲负责人（左）与芬兰国家投资贸易旅游促进推广总署执行副总裁安蒂 · 奥莫交换文件。当日，双方签署合作备忘录，以进一步拓展支付宝在芬兰的应用。（新华社记者 李骥志 摄）

▲2017年11月29日，在合肥瑶海区胜利智能农贸市场，市民在扫码支付。市场内每个摊位都安装了电子屏，只需扫码即可实现移动支付，还可在平台对商家进行点评、维权投诉等。（张大岗 摄，新华社发）

▲2017年12月7日，行人经过深圳前海周大福全球商品购物中心，该购物中心打造国际零售业创新文化以及深港合作高端消费体验中心，为内地市民提供香港和国外商品。（新华社记者 毛思倩 摄）

▲2017年12月27日，乘客在杭州地铁丰潭路站体验使用带有闪付功能的银联IC卡过闸乘车。（新华社记者 黄宗治 摄）

▲2018年1月10日，南京一处写字楼内，市民通过无人货架购买商品。苏宁推出的无人货架在南京亮相。消费者通过手机扫码、移动支付即可完成购物。（新华社记者 李雨泽 摄）

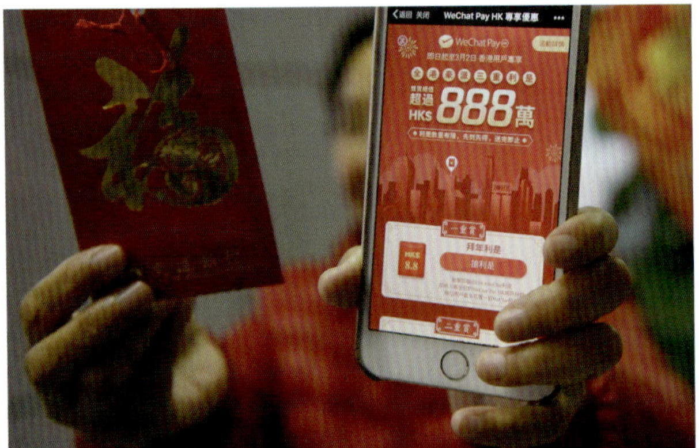

◀2018年2月16日，一位市民展示某社交平台香港版推出的新春送“利是”活动。新春之际，从药房到茶楼，从商场到旅游景点，随处可见各类不同移动支付方式的宣传海报。移动支付在香港的普及，改变了市民的消费方式，给香港带来了“新年俗”。（新华社记者 秦晴 摄）

▸ 2018 年 6 月 29 日，媒体团团员在杭州一家智慧菜场观摩市民使用手机进行移动支付。当日，来自 12 个“一带一路”沿线国家的 13 位媒体工作者应邀访问杭州，来到智慧菜场、公交站点、新零售超市等采访、体验，感受移动支付的便利。（新华社记者 黄宗治 摄）

◂ 2018 年 12 月 20 日，在贵阳北收费站，车主使用微信支付高速通行费。当日，贵州省高速公路移动支付开通。新闻通气会发布消息，从 2019 年 1 月 1 日起，贵州省高速公路移动支付将正式开通，所有收费站点均可实现微信支付高速通行费。（刘朝富 摄，新华社发）

▸ 2019 年以来，浙江省湖州市吴兴区在湖东街道试点村务卡的移动支付模式，并不断规范报销机制，提高村务卡的使用广度，规范村级集体资金管理，为农村集体“钱袋子”套上“紧箍咒”。图为 2019 年 5 月 29 日，湖东街道谈家扇村的报账员陆慧萍（右）在超市采购办公物资时使用村务卡进行移动支付。村务卡移动支付一般使用先支付后报销的管理方式，持卡人在支付时通过扫描二维码进行支付结算，并向供货方索要发票、支出明细单据和村务卡交易凭条等报销凭证。（新华社记者 黄宗治 摄）

国家记忆

第七篇 英雄楷模

习近平总书记多次指出：“一个有希望的民族不能没有英雄，一个有前途的国家不能没有先锋。”“我们要铭记一切为中华民族和中国人民做出贡献的英雄们，崇尚英雄，捍卫英雄，学习英雄，关爱英雄，勠力同心为实现‘两个一百年’奋斗目标、实现中华民族伟大复兴的中国梦而努力奋斗！”

英雄的定义在与时俱进，但英雄的精神一直在守护着我们的家国。新中国成立70年以来，各条战线涌现出了无数英勇战士、建设标兵、改革闯将。他们成长于不同时代，专注于不同领域，却有一个共同特质，那就是抓住了一个时代的“主要矛盾”，将个人奋斗融入国家命运之中。山因脊而雄，屋因梁而固，正是这些英雄人物的披荆斩棘，让我们在很多方面进入了先行区和无人区，重书大国崛起的沧桑新篇。

7.1 党的好干部：人民的好公仆

一个个名字，一串串思念：

焦裕禄，孔繁森，杨怀远，任长霞，沈浩，牛玉儒，杨善洲……

他们有两个相同的身份：共产党员和领导干部；

他们有两个相同的特征：生前为人民鞠躬尽瘁，身后被人民铭记心间。

他们用生命高扬起共产党员的旗帜，激励一代代党员干部投身为人民服务的伟大事业。

▲ 1962 年调到豫东老灾区兰考县后，焦裕禄同志和兰考人民同甘苦、共患难，以毛泽东思想为指针，为改变兰考面貌贡献了自己的全部力量。图为焦裕禄同志生前在田间劳动的情形。（资料照片）

▶ 图为时任西藏拉萨市长的孔繁森到墨竹工卡县了解情况时，专程看望了 7 岁的藏族孤儿措姆，并帮助孩子洗手洗脸。（新华社记者 土登 摄）

▼ “天下万物何所求，只求为人民服务到白头。”图为老劳动模范杨怀远（前左）帮助旅客挑运行李。（新华社记者 徐义根 摄）

▲ 图为2001年6月，时任河南省登封市公安局长的任长霞乘郑州市公安局空中巡警的直升机执行侦破任务。任长霞从警20余年，经历了一次次善与恶、正与邪、情与法、生与死的严峻考验。（资料照片）

▲ 永远留在小岗的“第一书记沈浩”。（新华社记者 王雷 摄）

▲ 对职责的忠诚，对事业的开创，对人民的奉献和对信念的恪守，让他赢得了一个城市的拥戴；他用激情燃烧的生命，为共产党人“执政为民”的旗帜添上一抹耀眼的亮色。这是 2004 年 11 月 30 日，牛玉儒同志先进事迹报告会在京举行。（新华社记者 李明放 摄）

▲ 绿了荒山造福百姓的“草鞋书记”。这是守望树林的云南省保山原地委书记杨善洲老人。退休后的杨善洲放弃了进城养老的生活，组建了国营大亮山林场，一干便是 20 多年，直到走完人生最后一程。（新华社发）

7.2 改革先锋：和平环境下的“战斗英雄”

改革开放，当代中国最显著的特征、最壮丽的气象。

这是一部史诗，由每一个中国人共同书写。

在改革开放 40 周年之际，党中央、国务院对百名改革先锋进行了表彰。

打开这份名单，重温一部部改革传奇，重回一幕幕改革现场。

一朵朵与波澜壮阔相遇、与激荡涌动共跃的浪花，汇入改革开放大潮的伟大历程，生动见证着改革开放是决定当代中国命运的关键抉择。

改革记忆历久弥新，改革精神永不磨灭。

◀ 1982 年 1 月 1 日，中共中央下发一号文件，肯定我国农村正在出现的包产到户、包干到户等各种形式的生产责任制，都是社会主义集体经济的生产责任制。此后，包产到户、包干到户（后称“家庭联产承包责任制”）这一中国农民的伟大创造得到了普遍推行。图为 2008 年 10 月 7 日，安徽省凤阳县小岗村当年“大包干”带头人关友江、严俊昌、严金昌、严学昌、关友申（从左至右）在小岗村牌楼前合影。（新华社发）

▶ 杜润生：农村改革的重要推动者。（刘宇 摄）

▶ 包起帆：改革开放中的中国工人创新先锋。（新华社记者 张明 摄）

▶ 马云：数字经济的创新者。（新华社记者 黄宗治 摄）

▲ 路遥：发扬延安精神，繁荣文艺创作。（新华社记者 张新民 摄）

▲ 鲍新民：“绿水青山就是金山银山”理念的践行者。（资料照片）

◀ 在浙江杭州，腾讯公司董事会主席兼首席执行官马化腾在 2017 中国“互联网 +”数字经济峰会上演讲。（新华社记者 王定昶 摄）

▶ 屠呦呦：青蒿素是中医药献给世界的一份礼物。（资料照片）

7.3 时代楷模：历史丰碑上的宝贵精神财富

◂ 1962 年 8 月 15 日，沈阳部队某部 22 岁的军人雷锋因公殉职。1963 年 3 月 5 日，毛泽东主席的题词“向雷锋同志学习”在《人民日报》上发表。此后，全国广泛开展了学习雷锋的活动。（张峻 摄）

这些闪耀着时代精神的名字背后，是一个个动人的故事，是一曲曲用热血和生命谱写的奋斗与奉献之歌，是一笔笔永远镌刻在历史丰碑上的宝贵精神财富。权为民所用、情为民所系、利为民所谋，这些时代的先锋真诚倾听群众呼声，真实反映群众愿望，真情关心群众疾苦，为群众办好事、办实事，是我们这个时代的光辉楷模。

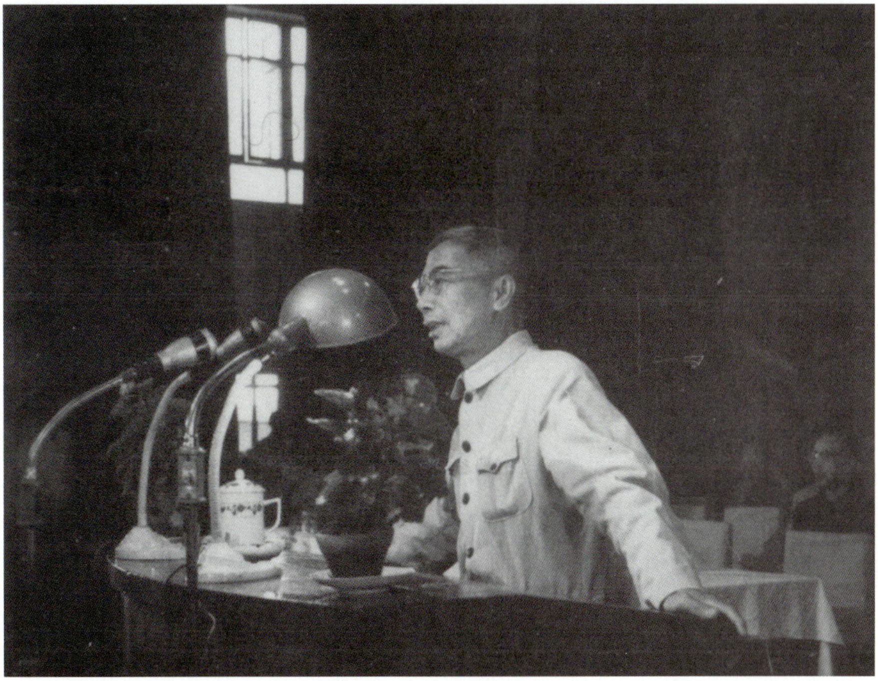

▲ 图为“两弹一星功勋奖章”获得者郭永怀在为中国科大的学生们上课。（资料照片）

▲ 1970 年 11 月 15 日，全国著名劳动模范王进喜逝世，年仅 47 岁。王进喜是新中国第一批石油钻探工人，历任大庆油田钻井队队长、钻井指挥部副总指挥，被誉为石油战线上的“铁人”。（资料照片）

▲ 2009 年 2 月 16 日，中国赴黎巴嫩维和官兵在出征前面对国旗宣誓。当日，中国第五批赴黎巴嫩维和工兵营和第四批维和医疗分队第一梯队 170 名官兵从昆明国际机场乘联合国包机出征。（资料照片）

▲ 独臂英雄丁晓兵（前）用左手向共和国敬礼。（新华社记者 李刚 摄）

► 2012 年 11 月 25 日 12 时 48 分，在看着自己亲手打造的战机于“辽宁舰”上成功着舰后，罗阳，这位歼—15 研制现场总指挥、沈飞集团公司掌舵人，突发心脏病，猝然离世。（新华社记者 李钢 摄）

◂ 20 年，20 万公里，唐真亚的“水上邮路”。（新华社记者 黄晓勇 摄）

▲ 原西北野战军 359 旅 718 团 2 营 6 连战士张富清回忆当年并肩作战的战友们牺牲时情景，不禁泪流满面。（新华社记者 程敏 摄）

▶ 一心为民，把扶贫路当“长征路”；舍身忘我，用生命诠释共产党员的初心和使命。2018 年 3 月 26 日，黄文秀来到广西壮族自治区百色市乐业县新化镇百坭村担任驻村第一书记。2019 年 6 月 16 日晚，黄文秀从百色返回乐业途中遭遇山洪因公殉职，年仅 30 岁。图为黄文秀到村民家走访，主动帮村民掰玉米。（乐业县宣传部供图，新华社发）

▲“金牌工人”许振超：中国工人要成为领跑者而不是跟跑者。（资料照片）

▲“全国公安系统一级英雄模范”杨春身患冠心病、冠状动脉粥样硬化，却为了工作先后 3 次推迟手术治疗，2019 年 1 月 23 日凌晨，他突发心肌梗塞，不幸因公牺牲，生命定格在扫黑除恶一线，年仅 49 岁。他是福建省宁德市公安局蕉城分局副局长杨春，一位扫黑英雄、刑警楷模，用生命诠释了一名共产党员的初心和使命。（宁德市公安局蕉城分局供图，新华社发）

7.4 无名英雄：共和国最可爱的人

我们也许并不知道他们的名字，但丝毫不妨碍他们成为我们心中的英雄，
共和国最可爱的人，英雄就是他们的名字。
他们的名字响彻山河大地，他们用行动和生命诠释着对人民无限的爱，
他们中的每一个人都是一个光辉的榜样、一面光荣的旗帜。
没有豪言壮语，每一个行动都撼人心魄；
没有华彩乐章，每一个情景都感天动地！
他们用无坚不摧的英雄气概筑起了伟大的精神长城；
他们满含着深情永远和人民站在一起，手手相挽，心心相连。

1998年夏秋，中华大地发生了百年不遇的特大洪灾。在党中央、国务院、中央军委的正确领导下，面对滔滔袭来的洪水，中华儿女表现出了排除万难、百折不挠的刚毅的民族精神，顽强拼搏，团结奋战，以血肉之躯筑起钢铁长城，取得了抗洪抢险斗争的决定性胜利。在这场抗洪抢险斗争中，形成了万众一心、众志成城、不怕困难、顽强拼搏、坚韧不拔、敢于胜利的伟大抗洪精神。

▲ 1998 年 7 月 26 日，在湖南境内松滋大堤上，连续奋战几天几夜的解放军某部官兵，在洪水暂时得到控制的情况下，抓紧时间休息，以补充体力迎战更大洪峰。（新华社记者 李刚 摄）

◀ 1998 年 8 月 9 日，在九江长江大堤的外侧围堰，抗洪官兵向湍急的江水中投放袋包。（新华社记者 袁满 摄）

▲ 1998 年 8 月 13 日，长江第五次洪峰通过荆江段时，长时间经受高水位浸泡的大堤不断出现险情。坚守在荆江大堤石首段的解放军某部共产党员突击队 50 名官兵手挽手，跳入湍急的洪水加固堤坝。（资料照片）

2003 年春天，不明病因的非典型肺炎在广州暴发，这个高传染率和高致死率的不明病毒让人们陷入恐惧之中。在这场与死神较量的战斗中，众多医护工作者坚守一线，置个人生死于度外。那些牵动人心的画面和那些默默奉献的英雄们，我们会长久铭记。

▲ 2003 年 5 月 10 日，湖北省人民医院发热门诊医生鲜云艳通过工作人员接过 9 岁儿子张宇谦送来的康乃馨，向儿子挥手致意。（周国强 摄）

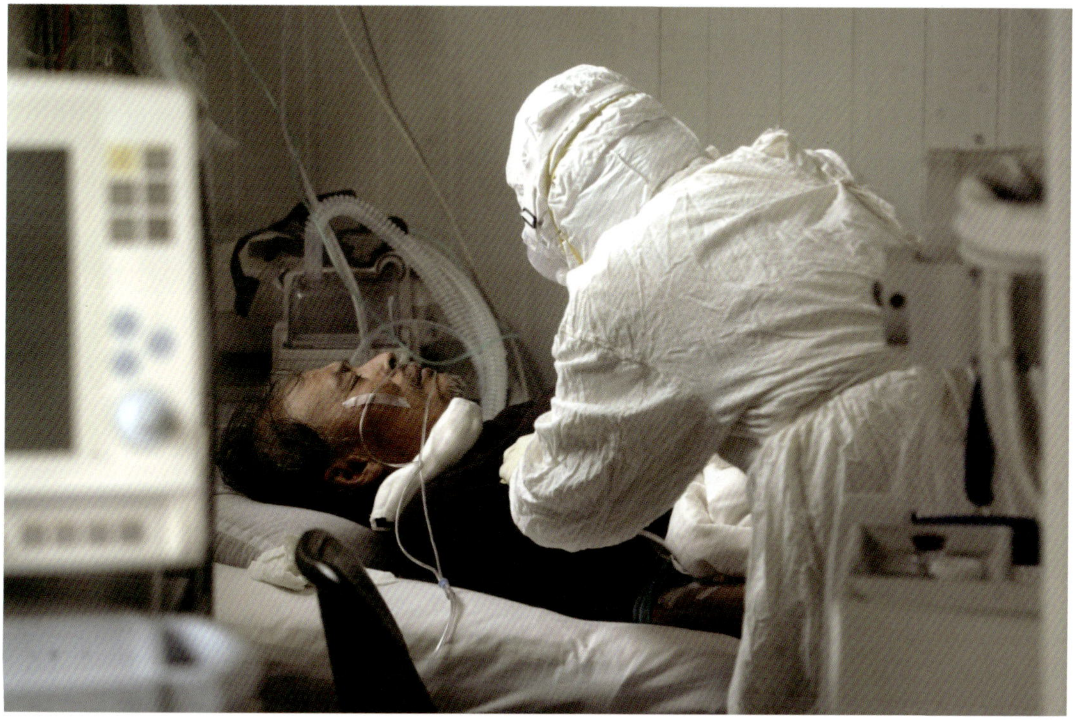

▲ 图为 2003 年 5 月 12 日，小汤山医院重症监护室医护人员在抢救一名“非典”重症患者。（新华社记者 王建民 摄）

▲ 抗“非典”白医战士——邓练贤（资料照片）

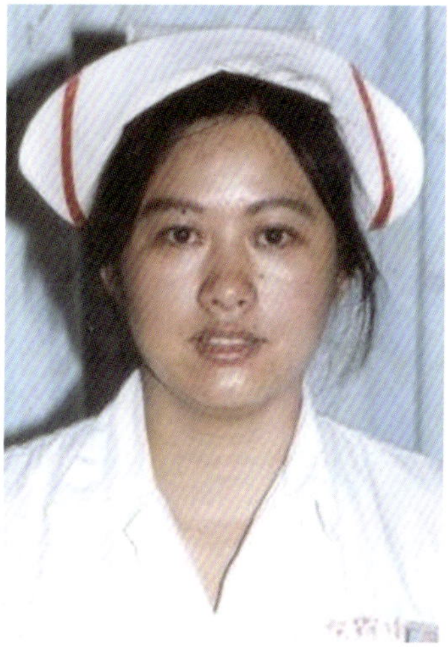

▲ 大医精诚白衣天使——叶欣（资料照片）

▲ 新时代的白求恩——钟南山（资料照片）

自2008年1月3日起，中国南方地区发生大范围低温、雨雪、冰冻等自然灾害。这极不寻常的一年，历史一定会深深铭记：史诗般的抗冰雪斗争，是一幅威武雄壮的英雄画卷；伟大的抗冰雪精神，是一笔弥足珍贵的民族财富。

◂ 2008年2月3日，一名武警战士在京珠高速公路破冰铲雪间隙用冰解渴。（资料照片）

▸ 2008年1月27日、28日，江苏宜兴遭遇20年来最严重的雪灾，给当地群众的生产生活造成极大影响。图为武警官兵敲打树木上的积雪。（新华社发）

◂ 2008年1月28日，江西省北部遭遇暴雪侵袭，福银高速公路昌九段多个路段发生堵车。图为武警战士在推动陷入雪中的车辆。（李涛渊 摄）

2008 年 5 月 12 日，一场突如其来的大地震让举国上下陷入悲痛，但是悲痛中的坚强和感动也留给了我们太多的精神财富，让我们看到了生命的奇迹，看到了国人的团结和伟大。

▸ 2008 年 5 月 13 日，武警战士在抢救受灾学生。（新华社记者 焦卫平 摄）

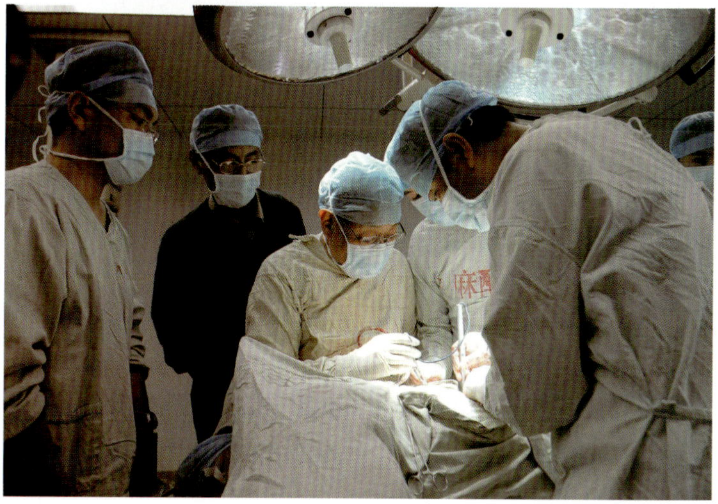

▸ 天使的心——奋战在灾区救治一线的 79 岁院士卢世璧。（孔令占 摄）

◀ 2008 年 5 月 18 日，武警某部官兵奔赴北川县城搜救。（新华社记者 杨世尧 摄）

2019 年 3 月 30 日 18 时，四川省凉山州木里县雅砻江镇立尔村发生森林火灾，当地迅速组织力量赶赴火场扑救。2019 年 3 月 31 日下午，扑火人员在转场途中，受瞬间风力风向突变影响，突遇山火爆燃，27 名森林消防指战员和 3 名地方扑火人员不幸殉职，其中 27 人是凉山州森林消防指战员，1 个 80 后，24 个 90 后，2 个 00 后。他们是和平年代的英雄。他们披星戴月奋战在森林火场，在大火面前义无反顾，勇斗火魔，直至壮烈牺牲。他们以血肉之躯经受了血与火的考验，以无悔的青春彰显了最美担当，以年轻的生命谱写了一曲舍生忘死、可歌可泣的英雄赞歌。他们在最关键的时刻挺身而出，为了救火而牺牲，不仅是救火的英雄，也是时代的英雄，更是我们每个人应该尊重的英雄。

西昌大队 教导员赵万昆 | 西昌大队三中队 中队长蒋飞飞 | 西昌大队四中队 中队长张浩 | 西昌大队三中队 排长刘代旭 | 西昌大队大队部 通信员幸更繁 | 西昌大队三中队 一班班长程方伟 | 西昌大队三中队 一班副班长陈益波 | 西昌大队三中队 一班消防员赵耀东 | 西昌大队三中队 一班消防员丁振军

西昌大队三中队 二班副班长唐博英 | 西昌大队三中队 二班消防员李灵宏 | 西昌大队三中队 二班消防员孟兆星 | 西昌大队三中队 三班消防员查卫光 | 西昌大队三中队 三班消防员郭启 | 西昌大队三中队 三班消防员徐鹏龙 | 西昌大队四中队 一班副班长周鹏 | 西昌大队四中队 一班消防员张成朋 | 西昌大队四中队 一班消防员赵永一

西昌大队四中队 二班消防员古剑辉 | 西昌大队四中队 二班消防员张帅 | 西昌大队四中队 二班消防员王佛军 | 西昌大队四中队 三班班长高继垲 | 西昌大队四中队 三班副班长汪耀峰 | 西昌大队四中队 三班消防员孔祥磊 | 西昌大队四中队 三班消防员杨瑞伦 | 西昌大队四中队 三班消防员康荣臻 | 凉山支队警勤排 新闻报道员代晋恺

▲ 青山为证 浩气长存——木里森林火灾救火英雄群像。（资料照片）

▶ 2019 年 4 月 5 日，在四川木里森林火灾扑救中英勇牺牲的 4 名临沂籍烈士徐鹏龙、赵永一、张帅、康荣臻的骨灰回到家乡山东临沂，当地消防部门和群众迎接烈士回家。（朱武涛 摄，新华社发）

◀ 2019 年 4 月 6 日，在四川木里森林火灾扑救中英勇牺牲的烈士张浩的骨灰安葬仪式，在四川省凉山彝族自治州西昌市烈士陵园举行。当地消防队员、武警官兵和社会各界群众送别英雄。（李结义 摄，新华社发）

国家记忆

第八篇 文化记忆

关于文化自信，习近平总书记这样说：“站立在960万平方公里的广袤土地上，吸吮着中华民族漫长奋斗积累的文化养分，拥有13亿中国人民聚合的磅礴之力，我们走自己的路，具有无比广阔的舞台，具有无比深厚的历史底蕴，具有无比强大的前进定力。中国人民应该有这个信心，每一个中国人都应该有这个信心。”

8.1 考古记忆：新中国的考古大发现

中华民族的祖先在长期的辛勤劳动中，创造了灿烂的古代文化，留下了许多珍贵的历史文物。

1949 年中华人民共和国成立后，文物考古工作者在中国共产党和人民政府的领导下，对全国重要的文化遗址和古墓葬进行了调查和发掘，出土了大量文物，为历史研究提供了重要的实物资料。

▶ 二里头遗址出土的绿松石龙形器。（资料照片）

▶ 1977年，中国考古工作者在殷墟发掘了200多座奴隶祭祀坑，每个祭祀坑长两米左右，宽1米左右，每排一般10坑。图为考古工作者在安阳殷墟奴隶祭祀坑遗址进行考察工作。（资料照片）

▲ 雄伟军阵中的一个个八尺男儿，魅力穿越时空，历久弥新，被称为世界“第八大奇迹”。1974年，秦陵兵马俑重见天日，震撼世界的同时，也陆续解开诸多历史密码。秦始皇地下军阵自发现以来，承载与见证了中华古代文明与现代科技进步，成为文明交流的重要参与者。图为观众在秦始皇帝陵博物院参观。（新华社记者 刘莲芬 摄）

◀ 1978 年曾侯乙编钟出土时的情形。（资料照片）

◀ 2018 年 8 月 17 日，在湖北省博物馆拍摄的曾侯乙编钟。（新华社记者 肖艺九 摄）

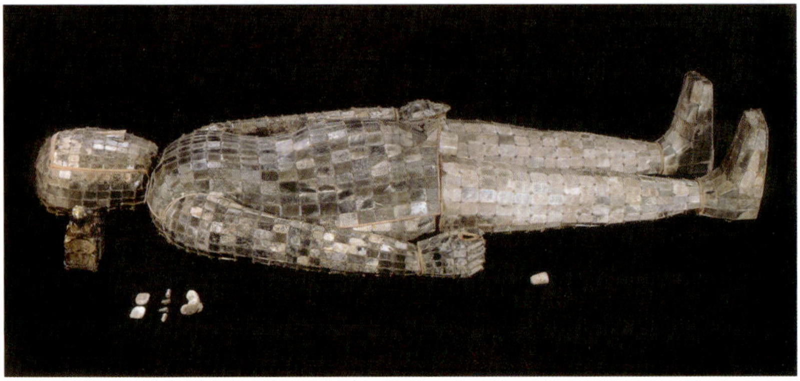

◀ 满城汉墓出土的刘胜金缕玉衣。（河北博物院供图，新华社发）

▶ 满城汉墓出土的长信宫灯。（河北博物院供图，新华社发）

▶ 满城汉墓窦绾墓入口。（新华社记者 高博 摄）

▲ 三星堆遗址俯瞰图。（资料照片）

▲ 三星堆二号祭祀坑。（四川省文物局供图，新华社发）

◀ 1978 年 4 月 17 日，浙江省文物考古工作者在河姆渡原始社会遗址进行细致的发掘工作。从1973年开始，经勘探和两期发掘，查明这个遗址的面积共约 4 万平方米，分 4 个文化层。发掘的文物有：木构建筑残件、骨耜、稻粒、动植物遗存和骨器、石器、陶器、木器以及玉石、象牙雕刻等。这些文物，生动地体现了我国劳动人民的高度智慧和创造才能，也丰富了我国原始社会史和原始农业史、建筑史等研究内容，对于更进一步了解我国新石器时代的发展具有十分重大的价值。（新华社记者 徐邦 摄）

▶ 1978 年 4 月，浙江省余姚县河姆渡原始社会遗址。（新华社记者 徐邦 摄）

◀ 1996 年 10 月，考古工作者从古城长沙市五一广场东侧的平和堂建筑工地走马楼区域，发掘出三国孙吴纪年简牍数万片，文字达数十万字，铜、铁、木、竹、陶、瓷等各类文物 3000 余件，是继马王堆汉墓之后我国考古又一重大发现。图为挖掘现场。（新华社记者 殷菊生 摄）

▲ 图为长沙市文物工作队队长宋少年（左二）向专家介绍长沙走马楼出土的各种文物。（新华社记者 殷菊生 摄）

▲ 1972 年 1 月至 4 月，在长沙市马王堆发掘出一座西汉墓葬，获得了 1000 多件珍贵的历史文物。墓中尸体、棺椁及随葬器物保存完好。这是我国考古发掘工作中的又一次重大发现。这是墓中出土的外棺。它的四壁和盖板均髹漆并加彩绘，用白、红、黑、黄等色彩绘云气纹，云气间缀有许多互相追逐的怪兽、飞禽等，盖板和棺壁四周饰 14 厘米宽的几何图案花边。（新华社发）

▲ 1972 年，文物、考古工作者正在长沙马王堆三号汉墓的西椁箱里取出漆圆壶。（资料照片）

▲ 1979 年，中国考古学会在古都西安举行成立大会，这是新中国成立 30 年来成立的第一个考古学会。图为学会常务理事、中国社会科学院历史研究所研究员张政烺为大会题词，祝贺学会成立。他的题词是：“汉唐宫阙化尘土，残砖賸瓦皆奇珍。”（安克仁 摄）

▲ 法门寺塔基遗址。（资料照片）

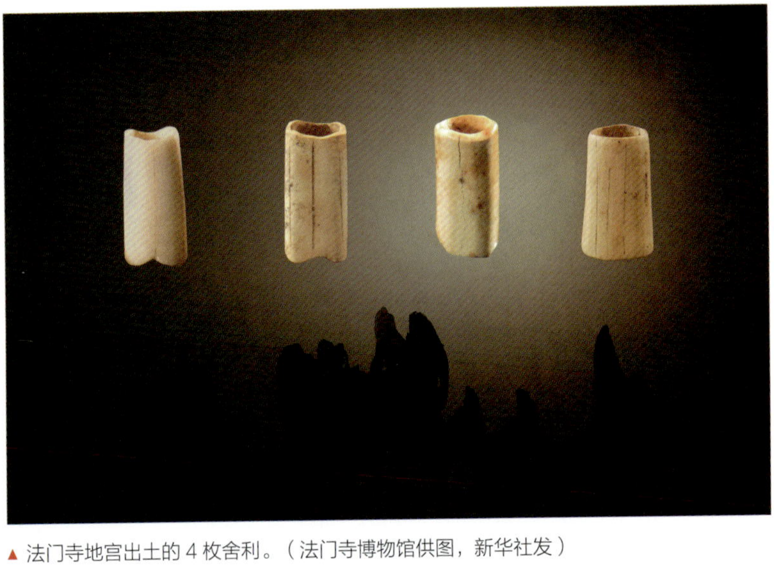

▲ 法门寺地宫出土的 4 枚舍利。（法门寺博物馆供图，新华社发）

▸ 法门寺地宫出土的五瓣葵口圈足秘色瓷碗。（法门寺博物馆提供，新华社发）

▾ 图为海昏侯墓孔子衣镜出土时的情况。（资料照片）

8.2 阅读记忆：70 年的阅读风景

习近平总书记指出，要提倡多读书，建设书香社会，不断提升人民思想境界、增强人民精神力量，中华民族的精神世界就能更加厚重深邃。

近年来，3D 阅读、VR 看书等已经成了人们越来越熟悉的词汇。数字阅读作为全媒体时代的新型阅读方式，从应运而生到蓬勃发展、蔚然成风，在很大程度上丰富了人们的阅读体验和精神文化生活，也让越来越多的人爱上了阅读。随着 5G 落地的时间临近，全媒体融合发展成为方向，这更为阅读多样化提供了可能，为数字阅读的推广带来了不竭动力。

◂ 1949 年 4 月，上海儿童挤在一个小人书摊前阅读自己喜欢的书籍。小人书是中国传统的艺术形式。一些古典名著、历史故事、民间传说题材的小人书深受读者欢迎。（资料照片）

▲ 1952 年 5 月，青海省两位少年一边放羊一边温习学校的功课。（新华社记者 袁苓 摄）

▲ 1972 年 3 月 2 日，上海市的小朋友在阅读新出版的少年儿童读物，学习英雄人物的革命事迹。（新华社记者 黄田宝 摄）

▲ 陕西省西北国棉二厂工会在单身职工宿舍创办文化站，吸引职工参加学习和文娱活动。图为 1983 年 10 月，青年女工在宿舍文化站阅读书报。（新华社记者 安克仁 摄）

▲ 1999 年 2 月 28 日，著名文学大师、文坛世纪老人冰心在北京逝世，享年 99 岁。她为中国儿童文学的发展做出了杰出的贡献。主要著作有：散文集《寄小读者》《再寄小读者》等；诗集《春水》《繁星》等；儿童文学集《小橘灯》等；小说集《去国》。译著有：《印度童话集》等。在晚年创造了自己文学生涯的新高潮，连续发表了《空巢》《万般皆上品》《关于男人》等大量作品。图为 1981 年 11 月，冰心在北京和小读者在一起。（资料照片）

▲ 中国当代著名女作家丁玲（1904—1986）的一生与中国人民的命运紧密相连，她在长期的文学生涯中留下了小说、散文、诗歌等各种文学著作 200 多万字，是中国第一位获斯大林文学奖的作家。（新华社发）

▲ 1982 年 12 月 6 日，中国首届“茅盾文学奖”评选揭晓。周克芹的《许茂和他的女儿们》等 6 部长篇小说获首届“茅盾文学奖”。“茅盾文学奖”是中国第一次设立的以个人名字命名的文学奖。图为 1982 年 12 月 15 日，周克芹、魏巍、姚雪垠、莫应丰、李国文、古华（前右起）在中国作家协会举行的茅盾文学奖授奖大会上。（新华社发）

▲ 1980 年，湖北省大冶县大箕铺公社为了提高农民的科学文化水平，坚持办好公社、大队和生产队的各级图书室。公社图书馆拥有 1 万多册书籍和多种报刊杂志，室内宽敞明亮，读者经常满座。（新华社记者 刘心宁 摄）

▲ 2014 年 7 月 22 日，重庆首个商场电子图书馆亮相。图为一名重庆市民用手机扫描电子借阅机上的二维码来下载图书。（新华社记者 刘潺 摄）

▲ 图为 2014 年 11 月 10 日，秦皇岛市海港区先盛里小学的孩子们在“数字图书馆”阅览图书。“数字图书馆”不仅能够为在校学生提供阅读服务，通过云服务平台，同学们还可以使用移动终端、电脑和电视浏览图书、视频、期刊以及其他数字文化产品，尽享多媒体时代带来的阅读体验。（新华社记者 杨世尧 摄）

◀ 中国图书专柜首次进入美国连锁书店。巴诺书店是美国最大的零售连锁书店，纽约曼哈顿上西区的巴诺书店首次设立了中国图书专区，销售有关中国的英文版图书。一批反映中国优秀传统文化，当代中国政治、经济、人民生活的图书和具有代表性的当代中国文学作品与美国读者见面。图为 2015 年 5 月 26 日，在美国纽约曼哈顿上西区巴诺书店，一名读者经过中国图书专柜。（新华社记者 王雷 摄）

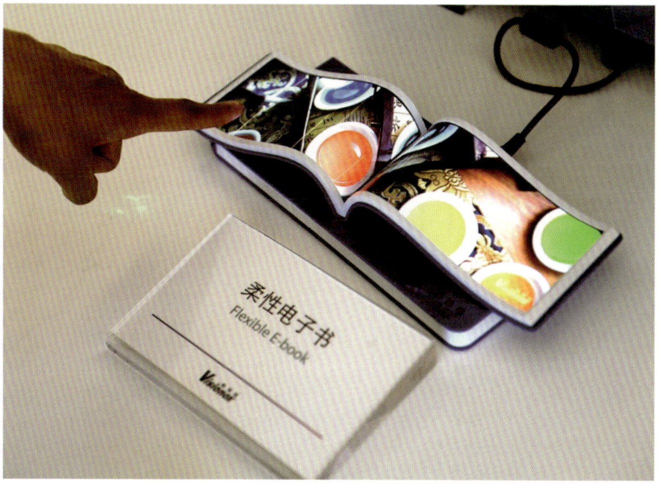

▶ 2018 年 5 月 17 日，在维信诺展厅拍摄的柔性电子书。当日，投资近 300 亿元、具有完全自主知识产权的维信诺（固安）第六代全柔 AMOLED（有源矩阵有机发光二极体面板）生产线，在河北省廊坊市固安产业新城正式启动运行，达产后可满足近亿部智能手机等终端设备对高端屏幕的需求。（新华社记者　王晓　摄）

◀ 2019 年 8 月 19 日，一名小观众试听有声读物。2019 上海书展吸引不少读者前来选书、购书、读书。此外，参观者还可以看“展中展”、见偶像作家、听有声读物、买文创用品……通过丰富有趣的方式享受读者嘉年华。（新华社记者　刘颖　摄）

▶ 2019 年 8 月 12 日，位于上海中心大厦 52 层的朵云书院正式开业。在离地 239 米的空中、2000 多平方米的空间内，朵云书院售卖 16000 多种、6 万多册中外书籍。书店集阅读、艺术展览、品牌文创、社交休闲等多功能于一体，拥有独特的空中视野和“抬头看云、低头看书”的阅读环境。图为顾客在朵云书院内参观选购。（新华社记者　刘颖　摄）

8.3 荧幕上的时光

70 年来，我国影视剧创作越来越活跃，市场规模越来越大，呈现出健康发展、欣欣向荣的局面，创作出一批富有时代气息的作品。中国电影海外影响力越来越大，为中国文化“走出去”开辟了新路。我国电视业应该“向前走，向后看”，既要高瞻远瞩，面向未来，又要回归经典，重寻精粹。比如《中国诗词大会》《国家宝藏》等节目，既立足当下，又以敬畏之心面对历史。相信广大影视工作者在党的领导下，坚持正确政治方向和舆论导向，围绕中心，服务大局，唱响主旋律，传播正能量，我国影视事业将继续蓬勃发展。

电影院门前

中国人从未想到，看电影也能拥有如此多样的选择。可就在 70 多年前，看电影对于大多数老百姓来讲，是件奢侈的事情。新中国成立前，只有在上海等几个大城市有电影院，而且中国的电影市场被美国片子占据了大半壁江山。这种上流社会的消费，将很多普通老百姓拒之门外。

新中国成立后，随着票价的降低和社会地位的平等，人们纷纷涌入电影院，享受看电影的乐趣。即使是条件简陋的露天电影，也常常能带来万人空巷的壮观场面。

改革开放以后，各种题材的电影如雨后春笋般涌现，好莱坞大片卷土重来，让普通老百姓也得以目睹其真容。

70 年来，中国的电影院门前呈现了一幅生动的变迁图景，而这一切，都定格在了那一张张照片里……

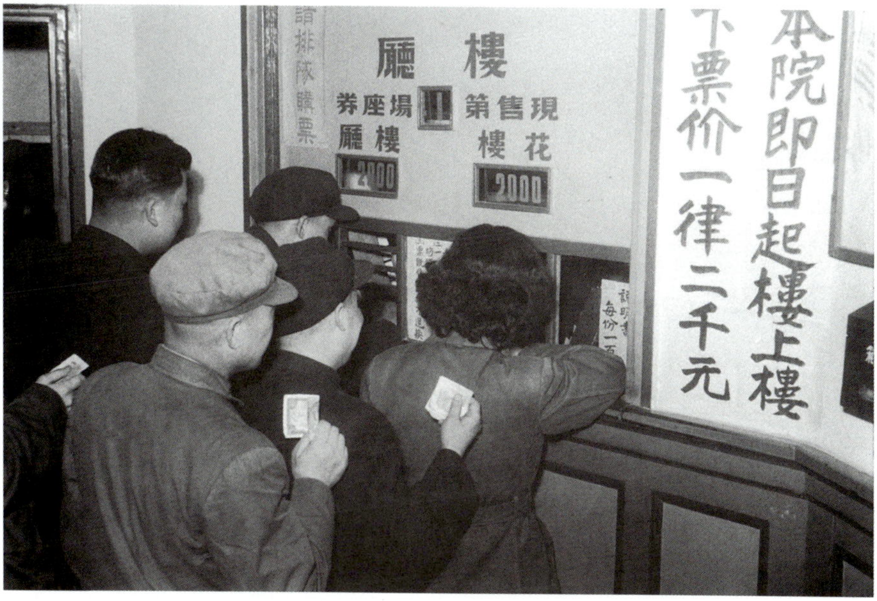

▲ 图为 1952 年 4 月 10 日，上海市各电影院开始降低电影票价。这是票价降低后，群众在电影院购票看电影。（资料照片）

▲ 图为 1954 年，辽东省（后与辽西省合并设立辽宁省）凤城县铁工业生产合作社社员骑着自行车到电影院看电影。（于飞 摄）

▲ 图为 1955 年 3 月 22 日，天津南郊津南电影院放映农民喜爱的影片。（资料照片）

▲ 图为 1956 年 12 月 1 日，甘肃省临夏回族自治州“团结”电影院修建完工后放映国产影片《一江春水向东流》。在新中国成立前，临夏很少有文娱活动场所。（新华社记者 郝常耕 摄）

▲ 2005 年 8 月 13 日，重庆国泰电影院门前。抗战期间这里上演过 94 出话剧，全国电影、话剧明星曾经聚集于此。（新华社记者 周衡义 摄）

峥嵘岁月，红色浪漫

70 年前，新中国诞生了首部电影《桥》。斗转星移，岁月流金，黑白或者彩色，红色经典电影伴随我们一路走来，深深感染着我们的内心世界和精神家园，它们描绘了伟大的中国共产党波澜壮阔的革命历程，再现了为党的事业英勇奋斗的共产党人形象。七尺银幕演绎出不同的美丽华彩和凄厉哀愁，动情故事复苏着无数的美好回忆与众多的快活时光，如怨如慕，如泣如诉。我们对国产红色经典电影印象深刻，其中的经典台词和场景更是深入人心。当记忆的纽带连接起那如梦如幻的岁月时，根深蒂固于脑海里的经典电影便一一浮现。

▲ 图为影片《地道战》剧照。

▲ 图为影片《五朵金花》剧照。

▲ 图为影片《离开雷锋的日子》剧照。

▲ 图为影片《高山下的花环》剧照。

▲ 图为影片《焦裕禄》剧照。

▲ 图为影片《青春之歌》剧照。

▲ 图为影片《南征北战》剧照。

荧幕流光

◀ 木偶片《神笔》于 1955 年 11 月由上影美术片组摄制完成。这是其中的一个镜头。这部影片曾先后获得威尼斯第八届国际儿童电影节的“8 岁至 12 岁的儿童文艺影片一等奖”，大马士革第三届国际博览会电影节“短片银质奖章”，华沙第二届国际儿童电影比赛大会的“木偶片特别优秀奖”。（资料照片）

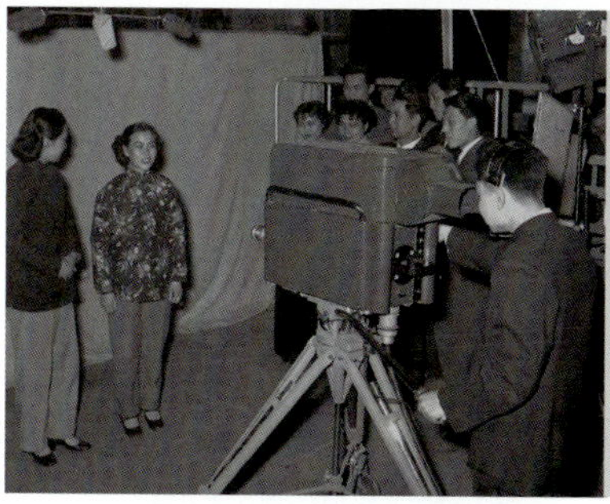

▶ 1958 年，北京广播器材厂提前半年试制成功了一台 1000 瓦的电视发射机，并在 1958 年 3 月 17 日晚进行了电视发射试验。左图是该厂自制的电视拍像机正在拍中央广播剧团表演的节目。右图为把拍到的节目经发射机发射出去。（新华社记者　楚英、杜修贤　摄）

◀ 1958 年 9 月 2 日，我国首家电视台开播。1973 年 10 月 1 日正式播出彩色电视节目。1978 年 5 月 1 日，由原来的名字——“北京电视台”改名为“中央电视台”。这是播音员在向观众介绍当天的电视节目。（资料照片）

▶ 1981 年 12 月，安徽省长丰县徐庙公社邵集大队青年社员邵贤芮、杨有珍自筹资金购买电影机，利用队里的闲房作放映室，把电影院办到了社员家门口。这是社员们在买电影票。（新华社记者 徐光春 摄）

◀ 中央电视台和中国电视剧制作中心联合录制的大型电视连续剧《红楼梦》，于 1985 年 8 月下旬在北京新建的大观园中开拍。电视剧《红楼梦》中的一个镜头：贾宝玉在怡红院书写“怡红快绿”。自左至右为贾宝玉（欧阳奋强饰）、林黛玉（陈晓旭饰）、薛宝钗（张莉饰）、惜春（胡泽红饰）、探春（东方闻樱饰）、迎春（金莉莉饰）和史湘云（郭霄珍饰）。（新华社记者 宋连峰 摄）

▶ 1985 年 10 月 16 日，全国优秀电视剧第五届“飞天奖”暨《四世同堂》特别奖发奖大会在北京召开。这是电视连续剧《四世同堂》剧组的部分成员受奖后，与老舍夫人胡絜青（前坐者）合影。（新华社记者 巫加都 摄）

▲ 2018 年 6 月 12 日，纪念中国电视剧诞生 60 周年盛典在沪举行，电视剧《一口菜饼子》中的演员余琳（左）亮相盛典舞台。（新华社记者 刘颖 摄）

▲ 2019 年 7 月 7 日，人们在上海闵行体育公园内的露天电影院里看电影。7 月到 9 月期间，上海全市 16 个区将累计放映 200 余场次露天电影，为市民游客提供别样的消暑纳凉好去处。（新华社记者 方喆 摄）

8.4 戏曲文艺：70 年的舞台光影

中华民族历来崇尚文化、热爱艺术、富有创造精神，在漫长的历史发展中筑就了一座座光耀古今的文艺高峰，为推动人类文明进步做出不可磨灭的独特贡献。新中国文艺 70 年砥砺奋进，文艺工作者把个人艺术追求融入民族复兴伟业，把文学艺术生动创造寓于时代进步大潮，走出一条中国特色社会主义文艺发展之路。任何一个时代的经典文艺，都是那个时代社会生活和精神的写照。文艺是探察时代变化的敏感触角，也是鼓舞时代前进的响亮号角，总是在重大历史关头发时代先声。

▲ 1952 年 11 月，第一届全国戏曲观摩演出大会。图为第一届全国戏曲观摩演出大会的评奖委员会及全体得奖者合影。（葛力群 摄）

▲ 西安市秦腔剧院一团（原名“易俗社”），积极挖掘、整理、上演了 100 多个传统剧目，并把两个最受观众欢迎的传统剧目——《火焰驹》和《三滴血》搬上了银幕。图为 1961 年，秦腔传统剧目《三滴血》剧照。（新华社记者 阎槐龄 摄）

► 1955 年 11 月 16 日，上海越剧院赴苏联、民主德国归国后在北京演出《西厢记》，受到观众的赞赏和欢迎。图为《西厢记》第十场《长亭送别》中的莺莺（袁雪芬饰）与红娘（吕瑞英饰）。（新华社记者 齐观山 摄）

▲ 上海实验歌剧院在 1958 年 5 月至 8 月间赴各地巡回演出时，结合在各地所接触到的实际生活，创作了 17 个描写现实的舞蹈和小型舞剧。这些剧目，大部分是演员们集体编写的。深入实际使演员们丰富了生活内容，也扩大了创作源泉。图为舞蹈节目《扫盲岗》。（新华社记者 夏道陵 摄）

▲ 1959 年，上海音乐学院学生演奏的小提琴协奏曲“梁山伯与祝英台”在上海音乐界博得好评。作曲者是上海音乐学院管弦乐系三年级学生何占豪和作曲系四年级学生陈钢，乐队指挥、小提琴独奏者和四十多人组成的管弦乐队都是这个学校的学生。这是在演奏的情形。（新华社记者 陈娟美 摄）

▲ 1964 年 10 月 2 日，大型音乐舞蹈史诗《东方红》在北京人民大会堂首次演出获得巨大成功。在周恩来总理的亲自关怀和指导下，这部作品动用了 3000 多人的强大阵容，共集纳了 9 部大型舞蹈、18 部歌舞表演及 6 部大合唱。这是大型音乐舞蹈史诗《东方红》第六场《中国人民站起来》剧照。（新华社记者 陈娟美 摄）

▲ 1960 年，戏曲艺术片《游园惊梦》正在北京电影制片厂拍摄。在《游园惊梦》中，京剧大师梅兰芳饰演一个 16 岁少女，昆曲名家俞振飞担任男主角。（黄景达 摄）

▲ 1966 年 1 月，中央歌剧舞剧院农村演出队的演员在北京延庆县（今延庆区）为农民演出芭蕾舞剧《白毛女》。（资料照片）

▸ 1971 年 1 月 14 日，革命现代京剧《红灯记》剧照。（新华社记者 陈娟美 摄）

ATHENS 2004
国家记忆

第九篇

体育强国

新中国成立初期，我国体育发展与国际水平差距较大。20 世纪 50—70 年代，群众性体育活动广泛开展，竞技体育取得突破。1956 年，举重运动员陈镜开成为新中国第一个打破世界纪录的运动员。1959 年，容国团成为新中国历史上第一个世界冠军。改革开放以来，我国体育事业取得长足进步。1984 年，新中国首次参加在洛杉矶举办的夏季奥运会，实现了中国奥运史上金牌“零”的突破。2008 年，北京成功举办了第 29 届夏季奥运会，我国体育代表团所获金牌数首次位列奥运会金牌榜首。1949—2018 年，我国运动员共获得世界冠军 3458 个。全民健身理念深入人心，全民健身活动广泛开展。党的十八大以来，体育产业快速发展，各种健身场所迅速兴起，有力促进了群众体育运动开展。近年来，全国人均体育场地面积达到 1.6 平方米以上，近 4 亿人经常参加体育锻炼，我国运动员在各项国际比赛中捷报频传。

从 1952 年新中国首次参加夏季奥运会，到 2015 年北京携手张家口获得 2022 年冬奥会举办权，新中国体育事业不断发展，实现了从参加到举办夏季奥运会、申办冬季奥运会的全面突破，走过辉煌历程。

▸ 1953 年 8 月，在布加勒斯特举行的第四届世界青年与学生和平友谊联欢节游泳比赛中，中国选手吴传玉以 1 分 8 秒 4 的成绩夺得男子 100 米仰泳金牌，这是新中国运动员在国际体育比赛中获得的首枚金牌。（新华社记者 王敬德 摄）

▲ 1956 年 6 月 7 日，中国最轻量级举重运动员陈镜开在上海以挺举 133 公斤的成绩，打破美国运动员温奇保持的 132.5 公斤的世界纪录。这是中国体育运动史上第一次打破世界纪录。陈镜开 1935 年出生于广东东莞，在国内外重大举重比赛中，他先后 9 次打破最轻量级和次轻量级挺举世界纪录。1987 年 5 月，陈镜开获得奥林匹克铜质勋章，成为中国第一位获此殊荣的运动员。（史云 摄，新华社发）

▲ 1959 年 4 月 5 日，容国团在德国多特蒙德举行的第 25 届世界乒乓球锦标赛上，打败曾 7 次获得世界乒乓球男子单打冠军的匈牙利运动员西多，获男子单打比赛冠军。这是中国在世界性体育比赛中获得的第一个世界冠军。图为 1959 年 4 月 22 日，容国团载誉归来。（资料照片）

▲ 1961 年，在第 26 届世界乒乓球女子单打比赛中，邱钟惠战胜匈牙利名将高基安，获得冠军，成为中国第一位女子世界冠军。（新华社记者 王敬德 摄）

▲ 1982 年 10 月 22 日至 24 日，第六届世界杯体操赛在南斯拉夫萨格勒布市举行。中国运动员李宁一举获得 6 块金牌，震惊世界。（新华社记者 胡越 摄）

▲ 1983 年，在丹麦哥本哈根举行的第三届世界羽毛球锦标赛中，李玲蔚荣获冠军。（新华社记者 黄景达 摄）

▲ 1984 年 6 月，在德国埃伯斯塔特国际跳高比赛中，朱建华以 2.39 的成绩打破男子跳高世界纪录。（资料照片）

▲ 在 1996 年亚特兰大奥运会上，王军霞摘取女子 5000 米金牌和 10000 米银牌，她以令人不可思议的表现赢得了“东方神鹿”的美誉。图为王军霞在亚特兰大奥运会获女子 5000 米冠军后身披五星红旗向观众致意。（新华社记者 官天一 摄）

▲ 1984 年 7 月 29 日，在美国洛杉矶举行的第 23 届奥运会上，27 岁的许海峰以 566 环的成绩获得男子自选手枪比赛金牌。这枚具有历史意义的金牌，宣告中国在奥运会上“零”的纪录已被突破。这是许海峰（右）在接受中华全国体育总会副会长黄中的祝贺。（新华社记者 官天一 摄）

▲ 异军突起的中国女排在 1981 年获得世界杯冠军。在后来的 5 年中，中国女排又连续 4 次获得世界锦标赛、奥运会和世界杯这世界三大赛事的桂冠，让“三连冠”“五连冠”这样的词汇，第一次出现在了中华民族的语汇中。1986 年 9 月，中国队在捷克斯洛伐克举行的第十届世界女排锦标赛中，以八战八胜的佳绩，第五次夺得世界冠军。图为中国女排队员在领奖台上向观众致意。（新华社记者 王景英 摄）

◂ 1992 年 7 月，上海姑娘庄泳在第 25 届奥运会女子 100 米自由泳决赛中，以 54 秒 64 的成绩战胜美国名将汤普森，夺得金牌，这是中国在奥运会游泳比赛中获得的首枚金牌，它掀开了中国游泳运动史上崭新的一页。图为庄泳（右）和队友杨文意在一起。（新华社记者 官天一 摄）

▴ 2004 年 8 月 27 日，中国选手刘翔在 2004 年雅典奥运会男子 110 米栏决赛中夺得金牌。（新华社记者 李岳 摄）

▶ 2012 年伦敦奥运会羽毛球比赛在伦敦温布利体育馆落下帷幕，中国军团包揽了男单、女单、男双、女双和混双全部五枚金牌。这是 2012 年 8 月 5 日，中国羽毛球队李永波展示五块金牌。（新华社记者 任正来 摄）

◀ 2015 年 8 月 29 日，在北京国家体育场“鸟巢”举行的 2015 国际田联世界田径锦标赛男子 4X100 米接力预赛中，中国队以 37 秒 92 的成绩晋级决赛，并创造了新的亚洲纪录。图为中国队选手谢震业、苏炳添、张培萌和莫有雪（从左至右）庆祝获得银牌。（新华社记者 王丽莉 摄）

▶ 2015 年 8 月 29 日，在北京国家体育场“鸟巢”举行的 2015 年国际田联世界田径锦标赛女子 20 公里竞走决赛中，中国选手刘虹以 1 小时 27 分 45 秒的成绩获得金牌，这是中国队在本届世锦赛上的首金，也是 1999 年田径世锦赛后，中国运动员首次获得该项目冠军。（新华社记者 王丽莉 摄）

特写 2008：北京奥运会

◂ 2001 年 7 月 13 日，在莫斯科举行的国际奥委会第 112 次全会的第二轮投票中，北京以 56 票的巨大优势赢得了 2008 年奥运会主办权。2001 年 12 月 13 日，北京奥运会组委会宣告成立，标志着奥运会筹备工作正式启动。图为中国申奥代表团在获胜后欢呼雀跃。（新华社记者 赵迎新 摄）

2008 年 8 月 8 日 北京夏季奥运会

2008 年 8 月 8 日，举世瞩目的北京第二十九届奥林匹克运动会开幕式在国家体育场“鸟巢”隆重举行。“百年奥运、中华圆梦”，具有两千多年历史的奥林匹克运动与五千多年传承的灿烂中华文化交相辉映，共同谱写人类文明气势恢弘的新篇章。

▲ 神圣一刻：倒计时牌归零。（新华社记者 陈树根 摄）

北京奥运会在奥林匹克运动史上留下了辉煌的一页。来自 204 个国家和地区的 1 万余名运动员，从 2008 年 8 月 8 日至 8 月 24 日，不断挑战极限、攀越新高，刷新了 43 项世界纪录和 132 项奥运会纪录，多个国家和地区实现了奥运会金牌和奖牌零的突破。中国体育代表团取得了 51 枚金牌、100 枚奖牌的优异成绩，第一次名列奥运会金牌榜首位，创造了中国体育代表团参加奥运会以来的最好成绩。

▲ 奥运焰火点亮北京。（新华社记者 格桑达瓦 摄）

▲ 2008 年 8 月 8 日，第 29 届夏季奥林匹克运动会在国家体育场隆重开幕。这是中国前体操名将李宁点燃主火炬。（新华社记者 凡军 摄）

▲ 中国体育代表团在开幕式上入场。（新华社记者 费茂华 摄）

▲ 奥林匹克会旗（左）和五星红旗在空中飘扬。（新华社记者 杨磊 摄）

特写 2022：北京冬季奥运会

十年弹指一挥间，2008 年 8 月 8 日北京奥运会开幕的盛况仿佛犹在眼前，2022 年北京冬奥会就像踩着十年前那个夜晚北京城上方的“大脚印”一样，一步一步坚定走来。从 2018 年开始，2022 年北京冬奥会和冬残奥会（以下简称“北京冬奥会”）的筹办，由“基础规划”进入“专项计划”，场馆建设由“规划建设”转入“全面建设”，筹办工作由“学习积累”进入“创新实践”。

▲ 图为 2015 年 7 月 31 日，在国际奥委会第 128 次全会上，北京携手张家口获得 2022 年冬奥会举办权后，北京申冬奥代表团成员欢呼庆祝。（新华社记者 王丽莉 摄）

▲ 这是官方提供的冬奥村效果图。（资料照片）

▲ 这是官方提供的改造后的首都体育馆效果图。（资料照片）

▲ 2019 年 5 月 9 日，2022 年北京冬奥会即将迎来倒计时 1000 天，各项筹办工作正在稳步推进，场馆基础设施建设、测试赛筹办进展顺利。国家速滑馆场馆屋面索网结构张拉工程全部完成，标志着国家速滑馆索网一环桁架结构体系正式形成。这是国家速滑馆施工现场。（任超 摄）

► 2019 年 5 月 11 日，北京 2022 年冬奥会倒计时 1000 天河北省“冬奥就在我身边”主题系列活动启动仪式在河北省张家口市崇礼区举行。图为演员在启动仪式上表演。（新华社记者 邢广利 摄）

BEIJING 2022

中国竞技体育在一些项目上按照国际惯例积极推行职业化、市场化改革，取得一定成效。多年来，我国大力推行竞技体育体制改革，已呈现奥运会项目、以职业足球和篮球联赛为主体的职业体育和以武术、围棋、登山等组成的非奥运项目三大板块齐头并进的良好格局。

◂ 1983年7月11日至14日，由北京棋院、北京电视台、北京电视工业公司联合主办的首届“电视杯”围棋冠军赛在北京举行。图为在决赛中，北京选手聂卫平（左）九段和浙江选手马晓春八段分别获得冠亚军。（新华社记者 王景英 摄）

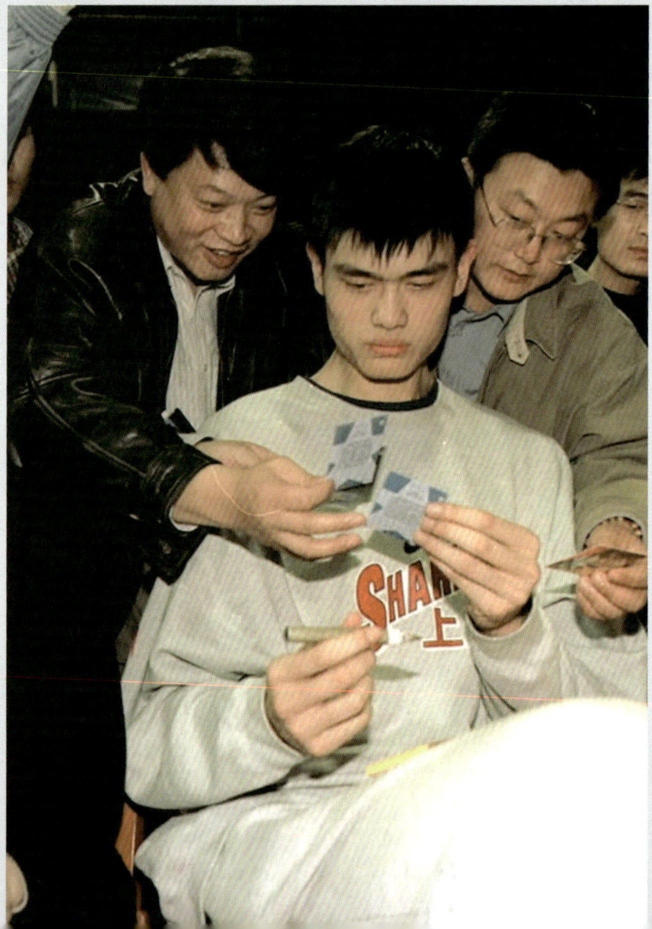

▸ 1999年10月20日，中国CBA球星卡首发式在北京举行。图为姚明在为球迷在球星卡上签名。（新华社记者 罗更前 摄）

▶ 2013 年 9 月 3 日，美网中国“一姐”李娜历史性闯进四强，再度为中国网球职业化之路添彩。图为李娜在美国网球公开赛女单四分之一决赛中击败俄罗斯选手马卡洛娃，晋级半决赛后庆祝。（新华社记者 王雷 摄）

▶ 2014 年 2 月 16 日，“2014WLF 中泰最强王者之战”在河南省体育馆举行。此次比赛共有来自中国、泰国、西班牙等多个国家和地区的近 40 名选手参加，比赛将采用泰拳、WLF（自由搏击）、MMA（综合格斗）三种国际规则进行。图为泰国选手尚艾特（右）与中国选手李宁在 60 公斤级自由搏击赛中。（新华社记者 李博 摄）

▲ 2019 年 5 月 8 日，第十一届全国少数民族传统体育运动会火种采集暨互联网火炬传递仪式在郑州登封观星台举行。图为采集使者在第十一届全国少数民族传统体育运动会火种采集仪式上展示点燃的火炬。（新华社记者 朱祥 摄）

▲ 2019 年 5 月 26 日，中国太原国际自行车周的儿童平衡车赛在山西博物院东广场举行。图为小选手们在比赛中。（新华社记者 曹阳 摄）

2016年10月，国务院办公厅印发《关于加快发展健身休闲产业的指导意见》，部署推动健身休闲产业全面健康可持续发展。

此外，多个涉及体育产业、冰雪运动等发展的规划以及有关山地户外、水上、航空等运动产业文件也在2016年相继颁布，就进一步加强体育事业和体育产业的发展做出顶层设计，提出具体要求。

▲ 2010年1月9日，中国国际体育产业高峰论坛在北京大学举行。本次论坛以“体育产业 2010新气候”为主题，通过演讲、对话、讨论等形式，独家解读体育产业的历史重任和发展前景。图为周继红（右二）等获得中国体育产业研究中心特聘专家证书。（新华社记者 陶希夷 摄）

► 图为2011年4月21日，361度（中国）有限公司工人在生产运动鞋鞋面。（新华社记者 张国俊 摄）

▲ 2017 年 4 月 18 日，在福建省晋江市举行的第十九届中国（晋江）国际鞋业暨第二届国际体育产业博览会上，一场别开生面的泳装设计大赛拉开帷幕，来自全国各地设计师的近 300 件泳装作品参赛。图为模特在展示时尚泳装。（新华社记者 宋为伟 摄）

▲ 2018 年 1 月 13 日，2018 全国体育产业发展大会在厦门举行，国家体育总局、国家统计局在会上联合发布了 2016 年度国家体育产业总规模及增加值数据；同时还举办了体育产业重点项目展示、体育智能创新产品互动展示、体育产业工作成果展等，让与会代表近距离感受体育产业发展成果，体验创新智能产品，全面了解各类体育产业项目。图为工作人员在为参观者示范制氧健身车。（新华社记者 林善传 摄）

▲ 2018 年 1 月 13 日，运动员在牂牁江参加 2018 年全国皮划艇静水冠军赛。近年来，贵州省六盘水市六枝特区围绕“旅游 +”“体育 +”发展目标，积极打造牂牁江区域山地旅游升级版，体育产业融合助推旅游发展，通过提供就业岗位、农家乐经营、入股分红等方式，带动当地 1500 余户百姓增收。（新华社记者 陶亮 摄）

国家记忆

第十篇

强军之路

10.1 军队建设：聚焦强军目标　重塑人民军队

没有一个巩固国防，没有一支强大军队，实现中国梦就没有保障。2013 年 3 月 11 日，习近平在出席十二届全国人大一次会议解放军代表团全体会议时明确指出，建设一支听党指挥、能打胜仗、作风优良的人民军队，是党在新形势下的强军目标——这言简意赅的 21 个字，

▲ 1949 年 1 月 31 日，北平和平解放。图为人民解放军进入北平城时，受到北平人民夹道欢迎。（资料照片，新华社发）

蕴含着对实现中国梦、强军梦的深邃战略思考，实现了党的军事指导理论的与时俱进，为新形势下加强国防和军队建设提供了根本遵循，指明了前进方向。

党的十八大以来，面对国际战略格局和国家安全形势的深刻变化，如何建设一支与我国国际地位相称、与国家安全和发展利益相适应的巩固国防和强大军队，是党中央、中央军委和习主席始终高度关注的重大战略问题。

▶ 1949 年 5 月 27 日，中国人民解放军进入中国最大的城市上海。红旗在上海工人第三次武装起义 22 年后再次并永远在上海滩飘扬。上海市解放，成为中央直辖市。这是 1949 年 5 月 27 日，中国人民解放军在解放上海战役中，严格遵守城市政策，不住民房，露宿街头。（资料照片，新华社发）

▶ 1949 年 4 月 23 日，中国人民解放军海军在江苏泰州白马庙宣告诞生。1989 年 3 月，中央军委批准确定 1949 年 4 月 23 日为人民海军成立日。（新华社发）

▲ 1949 年 11 月 11 日，中国人民解放军空军领导机构在北京成立。中央军委任命刘亚楼为空军司令员，萧华为空军政治委员兼政治部主任。至此，空军正式成为中国人民解放军的一个军种。此后，中央军委把 11 月 11 日定为人民空军成立日。图为中国人民解放军空军某部机群。（新华社发）

▲ 1950 年 3 月 5 日海南岛战役开始。图为 4 月 16 日在岛上人民武装配合下，我军主力部队于琼北大举登陆，向敌追击，至 4 月 30 日全部解放海南岛。（新华社发）

▲ 1950 年 10 月，抗美援朝志愿军队伍雄赳赳、气昂昂跨过鸭绿江。（新华社发）

▶ 1952 年 10 月 14 日，抗美援朝最著名的战役上甘岭战役打响。此役，美军先后投入 6 万余人的兵力，出动 3000 架次飞机和 170 余辆坦克，进攻不到 3.7 平方公里的上甘岭阵地。在 44 天的激战中，中国人民志愿军共歼敌 2.5 万余人。这是上甘岭战役中，中国人民志愿军高射炮部队在夜间猛烈射击敌机。（资料照片，新华社发）

◀ 中朝两国军队于1953年7月13日至27日，在中线开展金城战役。图为1953年7月13日，西集团军越过金城川的铁路，突破敌人长期固守的金城川防线。（新华社记者 黎枫 摄）

▶ 1958年10月26日，中国人民志愿军完成了光荣使命，全部撤离朝鲜回国。这是1958年10月25日拍摄的中国人民志愿军总部全体官兵乘上火车准备撤离朝鲜时，在平壤车站受到热烈欢送的情景。（新华社发）

◀ 这是新中国自己制造的第一架喷气式歼击机。作为沈飞集团前身的沈阳飞机制造厂，曾创造了中国航空史上的很多第一，为我国航空武器装备的发展做出了重大贡献，被誉为“中国歼击机的摇篮”。我国第一架喷气式歼击机——歼—5飞机，就诞生在这里。（资料照片，新华社发）

▲ 这是我国生产的几种军用飞机：高空高速歼击机（左上图）、歼击教练机（左下图）、强击机（右上图）和轰炸机（右下图）。（新华社发）

► 哈尔滨工程大学，前身是驰名中外的“哈军工”。作为曾经的校领导，邓三瑞在 20 世纪 50 年代以总设计师的身份主持研制了新中国第一艘常规动力试验潜艇，被誉为“中国潜艇之父”。1954 年 6 月，人民海军第一支潜艇部队宣告诞生，潜艇基本为国外购买并改装。1958 年，我国启动研制第一艘试验潜艇的设计。1971 年，我国自行设计研制的第一代常规潜艇下水。图为海军潜艇航行在南中国海上。（新华社记者 查春明 摄）

▲ 作为最先进的海军装备之一，核潜艇诞生于 1954 年。美国、苏联等都先后拥有了核潜艇。“核潜艇，一万年也要搞出来！”1970 年 12 月 26 日，我国第一艘核潜艇下水。1971 年 8 月 22 日，我国第一艘核潜艇首次以核动力驶向试验海区，进行航行试验。1974 年 8 月 1 日，我国第一艘核潜艇加入海军战斗序列。图为海上演习中的核潜艇和反潜直升机。（新华社记者　查春明 摄）

▲ 在 20 世纪 50 年代末，我国开始导弹驱逐舰的研制工作，后因国民经济困难只保留了蒸汽动力装置的仿制等部分项目。1965 年，研制工作重新全面展开。中国第一代导弹驱逐舰首舰济南舰，1968 年开始建造，1970 年下水，1971 年底列装，型号为 051 型，隶属于北海舰队。图为 2014 年 5 月 18 日，观众在位于青岛的海军博物馆参观我国第一代导弹驱逐舰济南舰。（新华社发　林小木 摄）

▸ 1985年11月16日，由一艘驱逐舰和一艘远洋油水综合补给舰组成的中国人民解放军海军编队驶离上海吴淞码头，应邀前往巴基斯坦、斯里兰卡和孟加拉国进行友好访问。由于特殊的历史原因，中国人民解放军海军直到组建36年后，才第一次派军舰出访国外。1985年11月至1986年1月，由合肥号导弹驱逐舰和丰仓号综合补给舰组成的特混编队，以“海军友好访问编队”的名义，在海军东海舰队司令员聂奎聚率领下，对巴基斯坦、斯里兰卡和孟加拉国等南亚3国进行正式友好访问。（资料照片，新华社发）

◂ 1987年秋，中国人民解放军海军某部在黄海海域进行电子激光模拟对抗训练。（新华社记者 王建民 摄）

▸ 中国空军某飞行学院研制的球型全视景飞机模拟器。飞行员坐在飞行模拟器里操作，便可达到与在空中飞行训练同样的效果。（新华社记者 王建民 摄）

▲ 图为新型轰炸机飞行员在飞行训练中。（吴森辉　摄，1998 年 6 月 19 日新华社发）

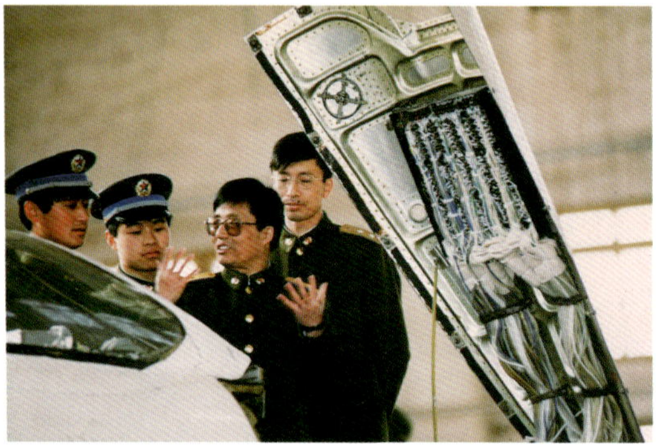

▲ 中国空军科技人员成功地研制出超音速无人驾驶靶机，使中国成为继美国之后世界上第二个拥有超音速无人机的国家。图为靶机总设计师赵煦（右二）在向学员讲解靶机的构造。（陈德通　摄，1998 年 6 月 19 日新华社发　）

▲ 1988 年 1 月 8 日，新华社发布消息：“人民解放军第一个陆军集团军直升机大队今天在华北某地成立”。这个直升机大队就是原北京军区 38 集团军直升机大队。它的成立宣告了我陆军的又一个新兵种——陆军航空兵的诞生，陆军作战能力开始实现由“地面合成”向“立体合成”的飞跃。图为 1999 年 6 月 7 日，陆军航空兵在进行飞行训练。（新华社发）

◀ 2002 年 7 月 31 日，图为协同演兵中，坦克架桥车伸出长臂，为装甲部队铺路越壕。（新华社记者　王建民　摄）

2002 年 7 月 31 日，海上编队，乘风破浪。
（新华社记者 王建民 摄）

▲ 2002 年 7 月 31 日，步坦协同，联合演练。（新华社记者 王建民 摄）

▲ 2002 年 10 月 11 日，在中吉联合反恐演习中，吉尔吉斯斯坦边防部队骑兵在山地中追歼“恐怖分子”。2002 年 10 月 10 日至 11 日，中国与吉尔吉斯斯坦在两国边境地区举行联合反恐军事演习。这是上海合作组织框架内两国首次举行的双边联合军事演习，也是中国人民解放军第一次与外国军队联合举行实兵演习。（新华社记者 查春明 摄）

◂ 这是刚刚执行完训练任务的歼—10战机在夕阳下凯旋。（资料照片，新华社发）

▸ 2008年12月26日，中国海军组成舰艇编队，赴亚丁湾、索马里海域执行护航任务。这是海军出征军舰在三亚军港准备起航。（新华社发）

◂ 2009年11月15日，庆祝人民空军成立60周年飞行和跳伞表演在北京沙河机场举行，空军八一飞行表演队和空军跳伞运动大队以精湛的飞行和表演技术，为中国人民解放军空军60华诞献上了一份精彩的贺礼这是歼—7GB飞机在进行飞行表演。（新华社记者　汪永基　摄）

▸ 2012 年 5 月，中国海军航母平台正在进行试航。中国第一艘航空母舰——“辽宁舰”2012 年 9 月 25 日上午 10 时许于辽宁大连正式交接入列。中国向着实现蓝水海军的梦想迈出重要一步。首艘航母入列服役，使中国成为世界上第 10 个现役航空母舰拥有国，也是最后一个拥有航母的联合国安理会常任理事国。航空母舰被世界公认为蓝水海军的主要标志之一。（新华社发 李唐 摄）

◂ 2014 年 11 月 3 日，中印尼空降兵在“空降利刃—2014”联合反恐训练中进行综合演练。（张东贺 摄，新华社发）

▸ 继我国第一艘航空母舰“辽宁舰”之后，2017 年 4 月 26 日，我国第二艘航空母舰在中国船舶重工集团公司大连造船厂出坞下水。建设一支有能力维护国家安全利益、与国家地位相称的强大人民海军，是从近海走向远海、深蓝的必然前提。发展航母，则是人民海军走向深蓝、让梦想照进现实的必然选择。图为“辽宁舰”出海进行科研试验和海上训练。（新华社记者 查春明 摄）

2014 年 12 月 12 日，执行远海实战化训练任务的海军石家庄舰编队组织编队机动训练。（邵龙飞 摄，新华社发）

10.2 大阅兵：历史的见证

国庆阅兵就是展现一支军队的装备、一支军队的士气、一支军队的发展。通过国庆阅兵能够了解一支军队的发展脉络，领略一支军队的历史进程。新中国成立后的历次国庆阅兵，无疑就是人民解放军从小到大、从弱到强的历史见证。

◂ 图为 1949 年 10 月 1 日，新成立的中国人民解放军空军编队飞过天安门广场上空。当时共 17 架飞机参加开国大典：9 架 P—51 战斗机、2 架蚊式战斗机、3 架 C—46 运输机、1 架 L—5 型通讯联络机和 2 架 PT—19 初级教练机。当受阅机群从天空飞过时，其中 4 架还挂着实弹，这是世界阅兵史上前所未有的事情，原因是受阅飞机还在担负战斗值班任务，挂实弹是迫不得已的选择。（新华社记者 石少华 摄）

▶ 1949年10月1日，30万军民在天安门广场隆重举行开国大典。图为开国大典上的骑兵分列式。（新华社发）

▲ 1949年10月1日，开国大典上装甲部队的分列式。（新华社发）

▲ 1955 年国庆阅兵是人民解放军实行军衔制后的首次阅兵。受阅部队指战员身穿 55 式军服，佩戴肩章、领章，军容严整地通过天安门广场。55 式军服设置了礼服、常服、工作服 3 个系列，军官佩戴军衔肩章、兵种勤务符号领章和帽徽；士兵佩戴帽徽和军衔领章；男军官夏季戴大檐帽，女军官戴无檐帽，陆、空军士兵戴船形帽。图为身着新式军装的坦克学校军官队伍通过天安门广场。（新华社记者 邹健东 摄）

◀ 1957 年 10 月 1 日国庆阅兵，是新中国成立后第 9 次国庆阅兵。参加受阅的部队共有 29 个方队，各种坦克车辆 226 台，飞机 81 架。阅兵历时 50 分钟。我国自行生产的伊尔—28 型喷气式轰炸机、歼 5 型歼击机首次参加国庆阅兵。1957 年 1 月，中央军委扩大会议，通过了《关于裁减军队数量加强质量的决定》。军事建设反映在阅兵上，最大的变化是受阅总人数比往年少，是新中国 13 次阅兵中最少的一次。这次阅兵的特别之处还有，国外来宾空前多。应邀来我国访问的 50 多个国家的外宾、各国驻华使节和外交官员以及在华外国专家等观看了阅兵式。图为中国人民解放军海军方队通过天安门广场。（新华社记者 冀连波 摄）

▶ 1959 年共和国 10 周年阅兵式，受阅部队官兵身着新式军服，佩戴军衔。军事学院方队、水兵方队、步兵方队、空降兵方队依次受阅，喷气式轰炸机和歼击机从扩建一新的天安门广场上空飞过。这次阅兵与 5 周年国庆阅兵相比，取消了骑兵、三轮摩托车方队。受阅武器装备国产化程度大大提高，其中我国自行制造的“五九式”主战坦克和“红旗牌”检阅车首次亮相国庆阅兵式。图为中国人民解放军空降兵部队整装待发，准备接受检阅。（新华社记者 袁克忠 摄）

▲ 1959 年 10 月 1 日庆祝国庆 10 周年，70 万人参加游行。这是接受检阅的人民解放军坦克部队。（新华社发）

◀ 1984 年 10 月 1 日，在首都北京举行了欢庆共和国成立 35 周年的盛大庆典。在这次大阅兵中，受阅武器装备的科技含量大大提升，全部 28 种武器中有 19 种是新装备，有的装备已具有世界先进水平。中国战略导弹部队首次参加阅兵，更是震撼了世界。图为战略导弹方阵通过天安门广场。（新华社记者　胥志成　摄）

▶　图为 1984 年 10 月 1 日，地空导弹方阵通过天安门广场。（新华社记者　崔宝林　摄）

◀ 图为 1984 年 10 月 1 日，反坦克导弹部队方阵通过天安门广场。（新华社记者　段文华　摄）

▲ 1999 年 10 月 1 日，中华人民共和国成立 50 周年盛大庆典在北京天安门广场举行。图为国旗、年号、国徽三个方队通过天安门。（新华社发）

▲ 1999 年 10 月 1 日，共和国迎来了 50 华诞。时值世纪之交，这一年在天安门广场举行的盛大阅兵式被人们亲切地称为“世纪大阅兵”。在这一年，改革开放新时期诞生的陆军航空兵、海军陆战队、武警特警、预备役等部队第一次汇入了受阅大军中。在武器装备方面，此次受阅的 42 种装备，90% 以上都是新装备，绝大部分都是自行设计和生产的，高科技武器装备已开始成为解放军的主战武器。“世纪大阅兵”完美地实现了“米秒不差”：压阵的第二炮兵战略导弹方队最后一排通过天安门中线的那一刻，陆海空航空兵首次联合编队组成的强大机群中的第一架飞机准确飞临人民英雄纪念碑的上空。图为 1999 年 10 月 1 日，我军最新型主战坦克在国庆阅兵式上首次亮相。（新华社记者 赵建伟 摄）

◀ 这是履带式 152 自行加榴炮行进在国庆 50 周年首都盛大阅兵式的行列中。（资料照片）

▲ 2009 年 10 月 1 日，首都各界庆祝中华人民共和国成立 60 周年大会在北京天安门广场隆重举行。这是国庆阅兵分列式中的红一12 地空导弹方队正在通过天安门广场。（新华社记者　王建民　摄）

▼ 这是 2009 年国庆阅兵式上，女兵方队通过天安门广场。（新华社记者　王建民　摄）

▲ 2015 年 9 月 3 日，中国人民抗日战争暨世界反法西斯战争胜利 70 周年纪念大会在北京隆重举行。这是“平型关大战突击连”英模部队方队接受检阅。（新华社记者 申宏 摄）

◀ 2015 年 9 月 3 日，反舰导弹方队接受检阅。（新华社记者 杨青 摄）

▲ 2015 年 9 月 3 日，20 架直升机在空中组成“70”字样通过天安门广场。（新华社记者 杨青 摄）

▲ 2015 年 9 月 3 日，空中护旗方队的 7 架教练机拉出七道彩带通过天安门广场。（新华社记者 杨青 摄）

◀ 2017 年 7 月 30 日，庆祝中国人民解放军建军 90 周年阅兵在位于内蒙古的朱日和训练基地举行。图为特种兵方队。（新华社记者 庞兴雷 摄）

▲ 2017 年 7 月 30 日，庆祝中国人民解放军建军 90 周年阅兵在位于内蒙古的朱日和训练基地举行。图为歼击机梯队。（新华社记者 邓华 摄）

◂ 2017 年 7 月 30 日，庆祝中国人民解放军建军 90 周年阅兵在位于内蒙古的朱日和训练基地举行。图为反坦克导弹方队。（新华社记者 查春明 摄）

从长江之畔的江苏泰州白马庙启航，人民海军一路劈波斩浪，走向远海大洋，逐步发展成为一支能够有效维护国家主权、安全、发展利益的海上武装力量。2019 年 4 月 23 日，来自 61 个国家的海军代表团、来自 13 个国家的 18 艘舰艇远涉重洋，汇聚黄海，共贺中国海军 70 华诞。

▲ 图为中国人民解放军海军仪仗队列队。（新华社记者 李刚 摄）

► 2019 年 4 月 23 日，中国人民解放军海军仪仗队列队。（新华社记者 李刚 摄）

▶ 2019 年 4 月 23 日拍摄的中国某新型核潜艇接受检阅。（新华社记者 李紫恒 摄）

◀ 2019年4月23日拍摄的“辽宁”号航空母舰。（新华社记者 琚振华 摄）

▶ 2019年4月23日拍摄的“武汉”号导弹驱逐舰。（新华社记者 黎云 摄）

10.3 新时代强军：建设世界一流军队

我国国防和军队建设驶入科学发展轨道，国防实力和军队防卫作战能力显著提高。从编制构成的精干高效到武器装备综合保障水平的逐年提高，从人才培养渠道的全方位拓展到后勤保障方式的市场化推进……以 2015 年 11 月 24 日中央军委改革工作会议召开为标志，改革强军战略实施以来，人民军队全面重塑、浴火重生。

从领导指挥体制的科学高效，到规模结构和力量编成的优化精干；从政策制度的不断完善，到武器装备现代化水平的全面跃升……在习近平强军思想指引下，取得历史性成就、发生历史性变革的人民军队，正在把改革强军战略全面推向深入，奋力建设世界一流军队，为实现中华民族伟大复兴的中国梦提供战略支撑。

▲ 这是北京军区某集团军防空旅官兵在导弹发射制导车上训练。（资料照片，新华社发）

▲ 这是北京军区某集团军防空旅的机关干部在展开野战条件下的网上协同训练。（资料照片，新华社发）

▲ 这是 2006 年 11 月 15 日，“前卫—206B”军演炮兵指挥部在紧张作业。（新华社发）

▲ 这是 2007 年 9 月北京军区某集团军防空旅官兵在模拟训练室即可展开单手模拟操作训练或模拟协同训练。（资料照片，新华社发）

2010 年 11 月 2 日，在浙江舟山某军港，中国海军第七批护航编队起航，海军蛟龙突击队队员随舰出征。当日，由东海舰队“舟山”号、“徐州”号导弹护卫舰和“千岛湖”号综合补给舰组成的海军第七批护航编队从舟山起航，前往亚丁湾、索马里海域执行护航任务。编队含舰载直升机两架、特战队员数十名，随舰官兵 780 余人。（吴琳红 摄，新华社发）

▲ “辽宁舰”交接入列后，我国自行设计研制的首型舰载多用途战斗机歼—15，顺利完成起降飞行训练。航母平台和飞机的技术性能得到了充分验证，舰机适配性能良好，达到了设计指标要求。图为 11 月 25 日，歼—15 舰载机在“辽宁舰”上滑跃起飞。歼—15 飞机是我国自行设计研制的首型舰载多用途战斗机，具有完全的自主知识产权，可遂行制空、制海等作战任务，飞行性能良好，配挂多型精确制导武器，具备远程打击和昼夜间作战能力。（新华社记者 查春明 摄）

▲ 2012 年 12 月 5 日，联合国驻黎巴嫩南部临时部队（联黎部队）副司令帕特里克·法兰准将（前左）向中国第九批赴黎维和医疗队队长郭海授勋。当日，中国第十批赴黎巴嫩维和工兵营和第九批赴黎维和医疗队全体 335 名官兵被授予联合国“和平荣誉勋章”，以表彰他们在黎巴嫩维和行动中所做的贡献。（新华社记者 刘顺 摄）

▲ 2016 年 1 月 5 日，守卫在南沙群岛永暑礁上的海军官兵在防波堤上巡逻。（新华社记者 查春明 摄）

▲ 2016 年 7 月中旬，中国空军出动轰－6K 战机赴黄岩岛等岛礁附近空域巡航。（刘锐 摄）

▼ 在“海上联合—2016”军事演习中，中俄海军陆战队混编陆战分队对岛礁防御之“敌”发起进攻。（新华社记者 查春明 摄）

▲ 2017 年 6 月 26 日，“蛟龙突击队”队员在某训练场组织进行直升机滑降训练。（新华社发）

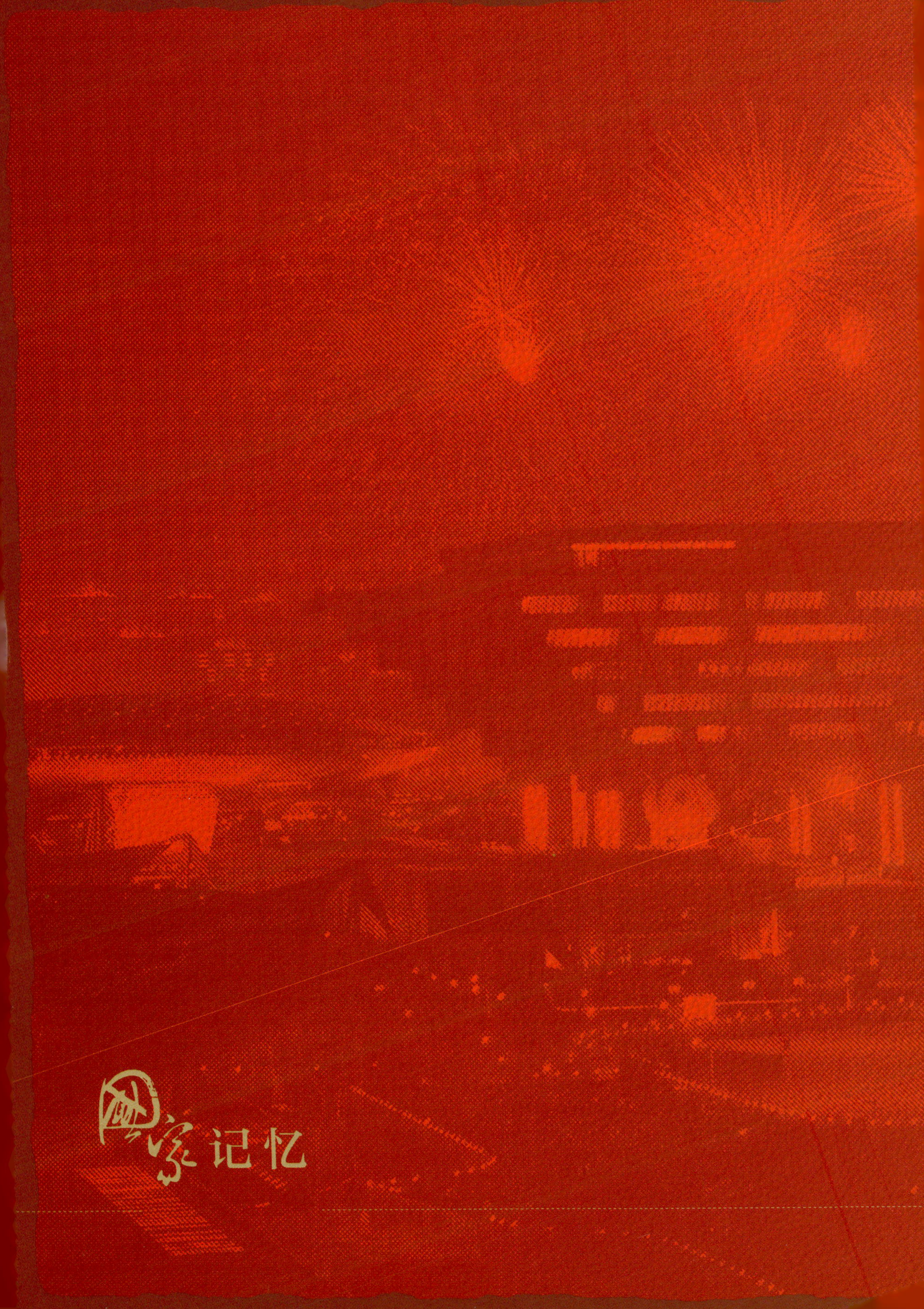
国家记忆

第十一篇

命运与共

11.1　和平共处五项原则：东方智慧与大国胸怀

70 年来，在中国共产党的坚强正确领导下，中国人民团结奋斗、砥砺前行，取得了举世瞩目的巨大成就。中国外交开拓进取、攻坚克难，也走过了波澜壮阔的历史征程。正如习近平总书记指出，中国正在日益走近世界舞台的中央。

中国外交的辉煌成就，首先归功于党的领导，这是中国外交最根本的政治保障。70 年来，中国共产党与时俱进，不断丰富发展具有中国特色的外交理论体系，形成了一系列优良传统和鲜明特色。独立自主是中国外交的基石。天下为公是中国外交的胸怀。公平正义是中国外交的坚守。互利共赢是中国外交的追求。服务发展是中国外交的使命。外交为民是中国外交的宗旨。2018 年中央外事工作会议确立了习近平外交思想的指导地位，这是新中国外交理论建设具有划时代意义的重大成果，为进入新时代的中国外交提供了根本遵循，也为探索解决当今世界各种复杂问题指明了方向。

当今世界正处于百年未有之大变局。中国外交正站在新的历史起点，我们将在以习近平同志为核心的党中央领导之下，全面贯彻落实习近平外交思想，不忘初心、牢记使命，坚持和平发展道路，践行合作共赢理念，维护现有国际体系，承担更多的国际责任，既为实现民族复兴创造更为有利的外部条件，又为维护世界和平、促进人类进步做出新的更大贡献。

▲ 1950 年 11 月 27 日，中华人民共和国代表伍修权（前排）在联合国第一委员会（政治安全委员会）全体大会上。（新华社发）

▲ 1951 年 5 月 28 日，在北京市劳动人民文化宫举行“新捷克斯洛伐克展览会”。展览会中陈列的展览品，包括机器、陶器、瓷器、纺织品、玻璃品、图片、雕塑、傀儡戏、油画、木刻、漫画、招贴、模型和印刷品等。图为北京市工人参观捷克斯洛伐克共和国出产的五十吨压力的压榨机。（刘庆瑞 摄）

◂ 1954 年和 1955 年，中国政府代表团先后参加了日内瓦会议和万隆会议，这是新中国登上国际舞台的成功实践。图为亚非会议主要会场之一——和平女神大厦。（新华社发）

恢复中华人民共和国在联合国的合法席位是新中国外交史上的重大事件。中华人民共和国中央人民政府从 1949 年 10 月 1 日成立的那一天起，就是代表全中国人民的唯一合法政府，理所当然地享有中国在联合国的席位。但是，由于美国的阻挠，中华人民共和国在联合国的席位一直被台湾国民党当局占据。直到 20 世纪 50 年代末，关于恢复中国合法权利问题的提案，被美国以“延期审议”为名，蛮横无理地搁置在一边。

随着中国国际地位不断提高和亚非拉国家在联合国作用的不断加强，1961 年第 16 届联大突破美国设置的障碍，同意将中国在联合国席位问题提交联大讨论。1971 年 10 月 25 日，第 26 届联大对恢复中国合法权利的提案举行表决，以 76 票赞成、35 票反对、17 票弃权的压倒多数，通过了恢复中华人民共和国的合法席位。11 月 1 日，中华人民共和国的五星红旗第一次在联合国升起。

▲ 1971 年 10 月 25 日，第 26 届联合国大会以压倒多数通过决议，恢复中华人民共和国在联合国的一切合法权利，并立即把台湾当局的代表从联合国组织及其所属一切机构中所非法占据的席位上驱逐出去。联合国成立于 1945 年 10 月 24 日。中国是联合国的创始国和安全理事会五个常任理事国之一。图为 1971 年 10 月 25 日第 26 届联合国大会召开时的资料照片。（新华社发）

▶ 1971 年 11 月 15 日，中国代表团首次出席第 26 届联大全体会议，乔冠华团长代表中国政府在会上发表了重要讲话。（新华社发）

在中美关系解冻的推动下，日本首相田中角荣、法国总统蓬皮杜等相继访华，中国和一批西方国家相继建交。中国外交事业出现了新局面。

▲ 1973年6月24日，中国天津市与日本神户市结成友好关系，周恩来总理倡议把这种关系称为“友好城市”。这是中国第一个与外国城市建立友好关系的城市。图为1973年6月24日天津市举行集会，欢迎日本神户市访津友好代表团。（新华社发）

▲ 这是 2006 年 5 月 9 日拍摄的纽约联合国总部第 60 届联大现场。2006 年 5 月 9 日，中国当选联合国人权理事会首届成员。（新华社记者 赵鹏 摄）

▲ 2016 年 9 月 1 日，手工艺人吴小莉创作的捏塑作品 G20 杭州峰会参会领导人形象在杭州京杭大运河畔的桥西历史街区摆放展示。这组捏塑作品名为《世界和平梦》，意在表达 G20 各成员为世界经济繁荣一起努力。（新华社记者 鞠焕宗 摄）

▲ 2017 年 9 月 3 日至 5 日，金砖国家领导人厦门会晤在福建省厦门市举行。图为厦门国际会议中心周边夜景。（新华社记者 张国俊 摄）

▲ 2017 年 12 月 2 日，中国共产党与世界政党高层对话会举行以“新时代的中国共产党与世界”为主题的中共十九大精神专题研讨会。这是在研讨会上举行的“创新世界 中国贡献”专题研讨。（新华社记者 陈晔华 摄）

▲ 这是位于海南省琼海市博鳌镇的博鳌亚洲论坛国际会议中心。（新华社记者 郭程 摄）

▲ 2018 年 4 月 2 日，中国国际进口博览局在上海国家会展中心举行参展集体签约仪式，分别与来自美国、法国、意大利和澳大利亚等国家和地区的 22 家企业签订参展合同。（新华社记者　方喆　摄）

▲ 这是 2018 年 7 月 16 日在阿联酋阿布扎比港哈利法工业区内拍摄的中阿产能合作示范园建设现场。（新华社记者　邬惠我　摄）

▲ 2018 年 9 月 3 日，中非合作论坛北京峰会在北京人民大会堂隆重开幕。（新华社记者 刘卫兵 摄）

11.2 领事保护：祖国一直在我的身旁

领事保护与协助工作事关人民群众切身利益，是外交工作践行“以人民为中心”理念和更多增加海外同胞“获得感、安全感、幸福感”的具体体现。

中国政府高度重视保护海外中国公民和法人的安全和正当权益。2006 年 4 月，外交部在领事司内设立领事保护处。这是中国首次设立一个部门，专门处理和协调海外中国公民和法人合法权益的保护工作。2007 年 8 月，外交部领事保护处正式升格成为领事保护中心。

目前，领事保护工作已经逐步形成了外交部统一指挥协调，驻外使领馆分工明确、相互协调、密切配合的应急反应体系，日益发挥着为海外中国公民和法人保驾护航的重要作用。

◂ 2005 年 1 月 13 日，中国驻泰国领事黄耀兵（左）和香港入境处工作人员黄立基在泰国普吉市的救援中心值班。中国外交官在海啸发生当天就赶到灾区，深入了解灾情、查询中国死伤及失踪者、为遗失证件的中国游客办理身份证明，一直在灾区第一线忙碌着。（新华社记者 刘宇 摄）

▲ 2008 年 11 月 30 日，旅客在上海浦东国际机场合影。当日 2 时 15 分，中国东方航空公司的 MU548 航班接回 246 名滞留在泰国的中国旅客，以及 26 名滞留的机组人员。（新华社发）

▲ 图为 2010 年 6 月 16 日，在吉的中国公民在奥什机场合影留念。6 月 17 日凌晨 1 时 30 分，中国政府派往吉尔吉斯斯坦的第九架撤侨包机安全返抵乌鲁木齐国际机场，机上搭载着 148 名中国公民。至此，中国从吉尔吉斯斯坦的撤侨行动基本结束，共计 1299 名在吉中国公民搭乘包机返回国内。从 15 日凌晨 4 时 25 分首架撤侨包机抵达乌鲁木齐开始，在约 45 个小时里，中国政府派出执行撤侨任务的 9 架次包机先后从吉尔吉斯斯坦返抵国内，把归心似箭的侨胞安全、顺利地送回到祖国的怀抱。（新华社记者 沙达提 摄）

2011 年 1 月，利比亚内战爆发，局势很快失控。暴徒们疯狂地袭击中国工地，驻利比亚中国企业停产。当时，约有 3 万中国人在利比亚，中国政府决定启动国家一级响应，把在利中国公民一个不少地撤回来！

在撤侨行动最紧张时，经中央军委批准，空军派出 4 架伊尔—76 飞机，于 2011 年 2 月 27 日飞赴利比亚执行接运中国在利比亚人员的任务。这是空军首次派运输机赴海外执行撤离我人员回国任务。

利比亚大撤侨被认为是中国军事、经济、外交实力的一次全面展现。在这次行动中，中国政府共动用 91 架次中国民航包机、35 架次外航包机、12 架次军机，租用外国邮轮 11 艘、国有商船 5 艘、军舰 1 艘，历时 12 天，成功撤离中国驻利比亚人员 35860 人，还帮助 12 个国家撤出了 2100 名外籍公民。

▲ 2011 年 3 月 5 日，在金凤组执行的利比亚撤侨航班上，中国同胞在高呼祖国万岁。（新华社发）

▶ 2011 年 3 月 18 日，中国驻札幌总领事馆领事刘志坚在接听热线电话。日本大地震发生后，负责日本一道（北海道）三县（岩手、青森、秋田）的中国驻札幌总领事馆立即启动应急机制，除日常领事业务外，派出前方工作组到重灾区岩手县慰问、搜寻中国公民，后方 24 小时开通热线，收集、发布中国公民平安信息，全力投入所辖的中国公民在日本的转移工作。（新华社记者 宋振平 摄）

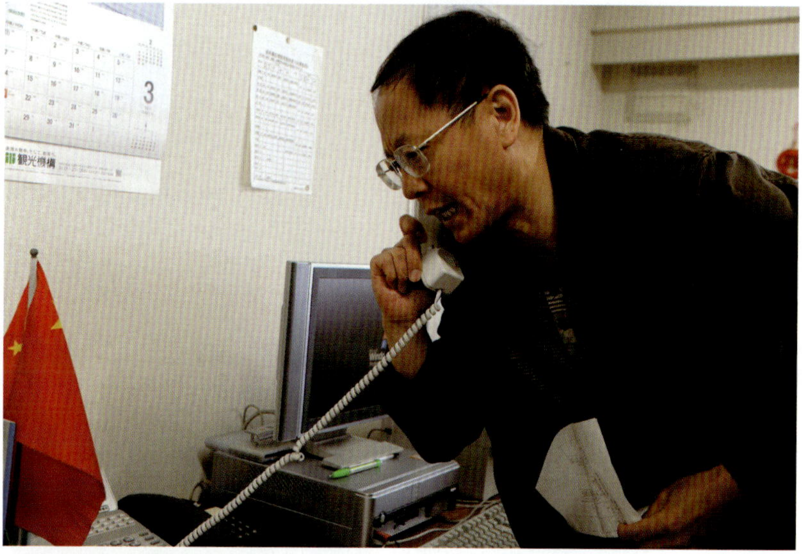

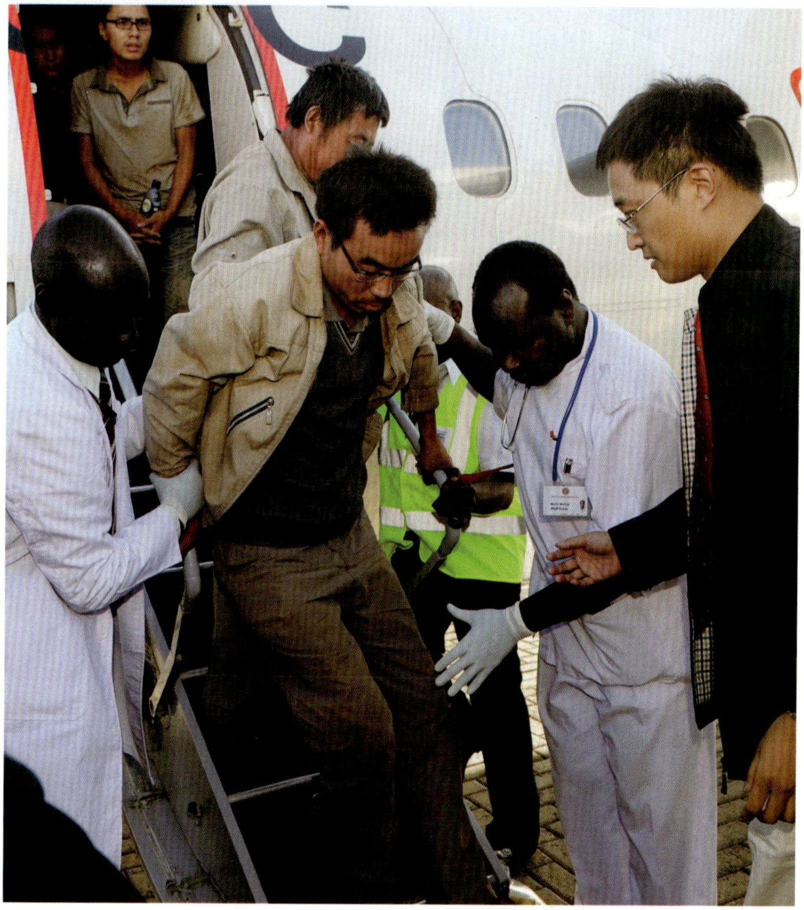

▶ 2012 年 2 月 7 日，中水电集团苏丹公路项目组遭劫持的 29 名中方人员安全获救，并在中国政府赴前方工作组和我驻外外交人员等陪同下平安抵达肯尼亚首都内罗毕。图为在肯尼亚首都内罗毕威尔逊机场，获救人员走下飞机。（新华社记者 丁海涛 摄）

▲ 2015 年 3 月 29 日，中国海军第十九批护航编队临沂舰抵达也门亚丁港，临沂舰女舰员帮助撤离的儿童登舰。从 3 月 29 日到 4 月 6 日，中国政府分四批从战火纷飞的也门安全撤离了 600 多名中国公民，还协助来自 15 个国家的共 279 名外国公民安全撤离。这次撤侨，再次彰显中国政府保护我海外公民安全的坚定决心，而展开专门行动，帮助撤离外国侨民，则彰显了中国的大国担当和国际主义精神。中方各部门行动迅速高效，团结协作，组织精准严密，得到了国内外的一致赞誉。此次也是中方首次动用军舰撤侨，中国舰艇编队因此被誉为帮助中外侨民撤离险地的“诺亚方舟”。（熊利兵　摄，新华社发）

▲ 2016 年 5 月 14 日，在美国犹他州盐湖城，中国驻美大使馆领事官员给申请人办理证件。自东向西，中国驻美大使馆领事官员每年候鸟一般从华盛顿来到这里，现场受理中国公民护照、旅行证换、颁发及领取养老金资格审核表的申请，开展预防性领事保护工作。在华盛顿的中国驻美大使馆负责 15 个州和华盛顿特区领事工作，几乎每个月都利用周末和节假日到路途较远的州现场办证。（新华社记者 殷博古 摄）

▲ 2016 年 8 月 19 日，工作人员在位于意大利卡塔尼亚的中国驻意大利使馆领事部办公现场忙碌。当日，中国驻意大利使馆领事部 3 名外交官来到西西里岛重要城市卡塔尼亚现场办公，让西西里岛华侨喜出望外。据使馆领事部主任李帆介绍，西西里的华侨人数约有 6000 人，从数量上来说，证件办理需求量比不上那不勒斯等大城市，但由于距离罗马太远，现场办公能给侨胞带来切实的便利。“为侨胞解决困难，再辛苦也值得！”李帆说。（新华社记者 罗娜 摄）

11.3 一带一路：擘画全球治理新宏图

共建“一带一路”倡议源于中国，机会和成果属于世界。

首届“一带一路”国际合作高峰论坛达成的279项具体成果，已经全部按计划完成。刚刚举行的第二届“一带一路”国际合作高峰论坛达成6大类283项务实成果，为全球经济增长开辟更多空间，为构建人类命运共同体做出新贡献。

当前，全球增长、贸易与投资格局酝酿重大而深刻的调整，各国正处于经济复苏及结构转型升级的关键阶段，希望找到新的经济增长点，进一步激发发展活力与合作潜力。“一带一路”倡议作为国际合作的新模式，不仅有利于各国贸易投资，也有利于促进区域乃至全球互联互通，为全球化发展注入新的力量和发展动能。研究预计，未来“一带一路”有望成为全球新的贸易投资增长中心之一，但也需要在促进贸易投资便利化、弥补基础设施投入不足、提升价值链合作、缩小区域间的不均衡等方面加强国际合作。

▲ 2017 年 5 月，“一带一路”国际合作高峰论坛圆满举行，成为新中国成立以来由中国首倡和主办的层级最高、规模最大的多边外交活动。这是位于北京国家会议中心前的“丝路金桥”景观作品。（新华社记者 侯俊 摄）

▲ 这是 2018 年 12 月 1 日在白俄罗斯首都明斯克东北方向 50 公里处的白俄罗斯吉利全散件汽车制造厂总装车间拍摄的准备下线的汽车。（新华社记者 张若玄 摄）

▲ 这是 2018 年 8 月 22 日拍摄的即将开通的中马友谊大桥，中国援建的中马友谊大桥连通马尔代夫首都马累和机场岛。（王明亮 摄，新华社发）

▲ 2016 年 10 月 3 日，在埃塞俄比亚首都亚的斯亚贝巴附近，一列试运行列车在中国企业建设的亚吉铁路上行驶。（新华社记者 孙瑞博 摄）

▲ 这是 2017 年 9 月 8 日在乌干达航拍的中国公司承建的坎帕拉至恩德培国际机场高速公路。这是乌干达第一条收费高速公路、第一条设计建设均采用中国规范和标准的高速公路。（林志坤 摄，新华社发）

▲ 2017 年 6 月 8 日，由江苏连云港开往土耳其伊斯坦布尔的中欧班列驶出中哈连云港物流合作基地。（新华社记者 季春鹏 摄）

▲ 这是 2017 年 11 月 28 日拍摄的巴基斯坦卡西姆港燃煤电站全景。2017 年 11 月，中巴经济走廊促成的大型能源项目——卡西姆港燃煤电站首台机组正式投产发电。（新华社记者 刘天 摄）

▲ 2018 年 9 月 22 日，在巴基斯坦旁遮普省卡洛特地区，中巴经济走廊首个水电投资项目——卡洛特水电站工程准备进行大江截流作业。（新华社记者 刘天 摄）

▲ 这是 2018 年 9 月 14 日拍摄的由中国企业承建的马尔代夫维拉纳国际机场新跑道。（之图 摄，新华社发）

▲ 这是 2019 年 1 月 19 日拍摄的老挝南欧江六级电站。（中国电建集团海外投资公司老挝公司供图，新华社发）

▲ 这是 2019 年 3 月 18 日在埃及南部阿斯旺拍摄的特变电工承建的本班光伏产业园。（艾哈迈德 · 戈马　摄，新华社发）

▲ 2019 年 4 月 4 日，首趟卢森堡至成都中欧班列在卢森堡迪德朗日铁路场站准备出发。（新华社记者　郑焕松　摄）

▲ 这是2019年4月15日在德国杜伊斯堡拍摄的DIT场站。DIT场站是中欧班列在欧洲的重要集散地。（新华社记者 逯阳 摄）

▲ 这是2019年3月20日在印度尼西亚雅加达的雅万高铁一号隧道项目现场拍摄的正在组装的盾构机。（新华社记者 杜宇 摄）

▲ 图为2019年3月27日在阿根廷丘布特省拍摄的正在建设中的罗马布兰卡风电项目。（马丁·萨巴拉 摄，新华社发）

▲ 2019 年 3 月 25 日，在老挝万象中老农冰村小学，汉语教师志愿者姚昌华教学生如何用手比出爱心。由中国和平发展基金会援建的农冰村小学 2013 年 5 月竣工。（新华社记者 王婧嫱 摄）

▲ 2019 年 3 月 25 日，在埃及首都开罗东北约 90 公里的斋月十日城，工人在分拣包装仓储站内工作。（新华社记者 邬惠我 摄）

▲ 2019 年 6 月 16 日，在埃及首都开罗，埃及艾因夏姆斯大学校长阿卜杜勒·瓦哈卜·伊扎特（左二）在论坛上发言。“一带一路”与中非合作新实践国际论坛 16 日在埃及首都开罗举行，来自尼日利亚、肯尼亚、中国、埃及等国的 80 多位政府官员、企业家、专家学者等就相关议题展开探讨。（新华社记者 李碧念 摄）

▲ 2019 年 6 月 10 日，陕西中医药大学的哈萨克斯坦留学生马文轩（左）和玲琅在教室里讨论他们的针灸推拿学毕业论文。在陕西中医药大学，有来自巴基斯坦、白俄罗斯、吉尔吉斯斯坦、韩国等 15 个国家的 120 余名留学生学习中医学、针灸推拿学等专业。世界中医药学会联合会主席马建中表示，传承千年的“岐黄之术”随着“一带一路”倡议的推进，在世界范围的传播与影响日益扩大。（新华社记者 李一博 摄）

11.4 人类命运共同体：中国特色大国外交理论框架的确立

"人类命运共同体理念回答了世界应如何应对各种挑战""中国正在为国际关系赋予新意义和新内涵"……国际舆论做出积极评价。中国外交以持之以恒的坚守与笃行，知行合一的理念与实践，赢得了越来越多的国际共鸣与赞誉。

中国外交始终坚守公平正义。在中国外交的字典中，公平正义的内涵始终如一，坚定维护以联合国为核心的国际体系和以国际法为基础的国际秩序，坚定反对霸权主义和强权政治，始终坚持大小国家一律平等，相互尊重主权、独立和领土完整等原则和主张几十年来一脉相承。

在解决地区热点问题时，中国外交始终坚持从事情本身的是非曲直出发，坚持从地区人民根本利益出发。中国坚定站在国际法和国际道义一边，在坚持不干涉内政、尊重国家主权与平等的前提下，为妥善处理各种国际热点、难点问题提出中国方案，贡献中国智慧，承担了应尽的大国责任，展现了"铁肩担道义"的风范。联合国秘书长古特雷斯称赞，中国"对构建一个更加平等、和谐的世界发挥积极作用"。

中国外交始终追求合作共赢。"一带一路"倡议是中国践行这一理念的生动体现之一。短短数年间，在"一带一路"框架下，众多增添发展动力的项目工程在五湖四海陆续实施和落成。人们看到，东非有了第一条高速铁路，马尔代夫有了第一座跨海大桥，白俄罗斯第一次有了自己的轿车制造业……越来越多的国家积极投身于共商共建"一带一路"，国际社会呼吁把握"一带一路"机遇的声音与日俱增。

不断扩大开放，见证了中国追求与各国实现合作共赢的诚意。在保护主义、单边主义不断抬头的关键时刻，"中国开放的大门不会关闭，只会越开越大"的庄严承诺，为世界注入信心；从创办中国国际进口博览会到发布新版外商投资负面清单，中国扩大开放的系列举措让世界得到实惠。

中国外交始终坚持和平发展。和平发展是中国外交的根本方向。新中国成立70年来，中国人民依靠自身的勤劳勇敢，依靠和平发展，实现了从站起来、富起来到强起来的伟大飞跃。中国的腾飞之路，与历史上一些大国通过扩张方式崛起完全不同。

在国际舞台上，中国外交鲜明地印刻着“和平”二字。尽管中国是发展中国家，但已成为联合国维和摊款第二大出资国、安理会常任理事国中派出维和人员最多的国家，被国际社会誉为“维和行动的关键因素和关键力量”。在争端与分歧面前，中国始终坚持推动通过政治方式解决争端，通过和平协商弥合分歧，坚定做和平的建设者。

中国外交始终捍卫多边主义。从坚定维护多边贸易体制到积极推动国际合作应对气候变化，中国维护多边主义的行动有目共睹。在全球化时代背景下各国彼此命运相连、休戚与共，需要的是团队精神，而不是各行其是；是同舟共济，而不是独善其身。中国提出的“人类命运共同体”理念，引领时代潮流，为面临百年未有之大变局的世界指明了发展方向。

中国外交的坚守和笃行，为世界持续带来正能量，中国贡献得到多方肯定。联合国日内瓦办事处总干事迈克尔·穆勒说，中国在加强国际社会团结协作、实现发展目标方面发挥引领作用。美国《福布斯》杂志网站刊文说，“一带一路”倡议“开启了前所未有的机遇”。西班牙亚洲问题专家乔治娜·伊格拉斯认为，中国提出的构建一个更包容、民主、开放、创新和高效的多边世界的理念在全球范围内得到广泛响应，“这样的理念一旦付诸行动，人类就迈出了一大步”。

世界正处于百年未有之大变局，人类从未面临如此数量之多、规模之大、程度之深的全球性问题。作为世界第二大经济体、最大的发展中国家，中国的大国担当令世界称道。2018年，“人类命运共同体”被写入中非合作论坛北京峰会、上合组织青岛峰会、中阿合作论坛部长级会议以及诸多双多边高层交往的成果文件，汇聚起各方磅礴的力量。外媒评价，中国的世界影响力从未像今天这样大，承担起历史责任，推动构建人类命运共同体，正是因为放眼人类共同的未来。

中国外交更加从容自信，开拓进取，让世界看到了一个东方大国愿与各国共商共建共享的姿态与力量。

▲ 2006 年 6 月 15 日，上海合作组织成员国元首理事会第六次会议在上海举行。（新华社记者 姚大伟 摄）

▲ 2006 年 10 月 30 日，中国—东盟建立对话关系 15 周年纪念峰会在南宁举行。（新华社发）

▲ 2006 年 11 月 4 日，中非合作论坛北京峰会在北京人民大会堂开幕。（新华社发）

▲ 2007 年 2 月 13 日，朝核问题六方会谈第五轮第三阶段会议在北京落下帷幕。（新华社发）

▲ 2010 年 4 月 30 日，中国 2010 年上海世博会开幕式大型灯光焰火表演在上海举行。5 月 1 日，上海世博会正式开园。上海世博会是第 41 届世界博览会，是继北京奥运会后中国举办的又一世界性盛会，是新中国成立以来中国举办的规模最大、持续时间最长的国际活动。（新华社记者 程敏 摄）

▶ 2015 年 11 月 24 日，第五届中国—中东欧国家经贸论坛在中国江苏苏州开幕。（新华社记者 李响 摄）

▶ 2016 年 9 月 4 日，出席二十国集团领导人杭州峰会的 G20 成员和嘉宾国领导人及有关国际组织负责人在杭州西湖景区观看《最忆是杭州》实景演出交响音乐会。（新华社记者 张铎 摄）

▼ 2017 年 9 月 3 日至 5 日，金砖国家领导人第九次会晤和新兴市场国家与发展中国家对话会在福建厦门开幕。图为厦门国际会议中心前各国国旗迎风飘扬。（新华社记者 张国俊 摄）

2018 年 6 月 9 日至 10 日，上海合作组织青岛峰会在山东青岛召开。这是 6 月 9 日晚在青岛举行的《有朋自远方来》灯光焰火艺术表演。（新华社记者 徐昱 摄）

国家记忆

第十二篇

美丽中国

纵观人类文明发展史，生态兴则文明兴，生态衰则文明衰。新中国成立70年来，我们党始终秉持为中国人民谋幸福、为中华民族谋复兴的初心和使命，推动生态环境保护事业蓬勃发展。进入新时代，以习近平同志为核心的党中央大力推进生态文明建设、美丽中国建设，着力守护良好生态环境这个最普惠的民生福祉，人民群众源自生态环境的获得感、幸福感、安全感显著增强。

生态环境是最公平的公共产品，生态文明是人民群众共同参与、共同建设、共同享有的事业，每个人都是生态环境的保护者、建设者、受益者，没有哪个人是旁观者、局外人、批评家，谁也不能只说不做、置身事外。让建设美丽中国成为全体人民的自觉行动，需要不断增强全民节约意识、环保意识、生态意识，培育生态道德和行为准则，构建全社会共同参与的环境治理体系，动员全社会以实际行动减少能源资源消耗和污染排放，为生态环境保护做出贡献，在点滴之间汇聚起生态环境保护的磅礴力量。

20世纪中叶起，环境保护发端于工业化国家。我国从20世纪70年代起就重视环境保护特别是“三废”（废水、废气、废渣）等污染物治理。1972年，我国参加了联合国人类环境会议，之后成立了一批环境保护相关机构。改革开放后，20世纪80年代我国将环境保护列为基本国策，90年代制定实施可持续发展战略。

2012年11月8日，党的十八大提出：“把生态文明建设放在突出地位，融入经济建设、政治建设、文化建设、社会建设各方面和全过程，努力建设美丽中国，实现中华民族永续发展。”这是美丽中国首次作为执政理念被提出，也是中国建设五位一体格局形成的重要依据。党的十八大把生态文明建设纳入“五位一体”总体布局，“绿水青山就是金山银山”理念深入人心，大气、水、土壤污染防治攻坚战全面打响，改善环境质量取得突出成效。2018年，我国水电、核电、风电、太阳能等清洁能源消费量占能源消费总量的比重为22.1%，比1978年提高15.5个百分点；全国首批实施《环境空气质量标准》的74个城市PM2.5平均浓度比2013年下降42%，二氧化硫平均浓度下降68%；十大流域劣Ⅴ类水质断面比例比2013年下降2.1个百分点。

▲ 1959 年 9 月，在我国的边疆，伊犁市的各族人民正在大搞环境卫生，迎接国庆节。（新华社记者 李义芳 摄）

▲ 1977 年 9 月，由中国科学院兰州冰川冻土沙漠研究所、新疆维吾尔自治区环境保护领导小组、新疆农科院林业科学研究所、新疆气象局气象研究所等单位派出的科研人员，在石河子地区科技人员配合下，深入准噶尔盆地古尔班通古特沙漠和石河子绿洲开展调查研究工作。他们顶烈日、冒酷暑，在沙漠绿洲对水、土、植物、气候和风沙活动规律进行实地考察，为进一步治理沙漠、建设新绿洲掌握大量科学资料。图为在科研人员配合下，当地国营农场、人民公社出动浩浩荡荡的劳动大军，治理沙漠。（新华社通讯员 宋士敬 摄）

▲ 1980 年，首都钢铁公司发动群众大力栽种花草树木，绿化和美化环境。1979 年，他们在厂区植树八万多棵，栽花四万多株。（新华社记者 喻惠如 摄）

▲ 1979 年 11 月 13 日，广西桂林市卫生防疫站为了预防工业废水对环境的污染，采取了各种有效措施，取得良好效果。这是化验人员正在对漓江进行定期水质采样化验。（李大平 摄，新华社发）

▲ 从 1982 年 2 月 13 日至 25 日，三架专用飞机在太原上空进行了六个项目的空中环境污染监测，这样大规模的空中环境污染航测在我国还是第一次。图为专用直升飞机在太原市杏花岭上空航测污染情况。（新华社记者 董荣贵 摄）

▲ 1986 年，我国第一所城市建设环境保护学院在苏州市的寒山寺边江枫桥畔建成，已有 500 名学生在城市建设、环境保护等 11 个专业学习。（新华社记者 高梅及 摄）

▲ 1989 年，北京汽车保有量已达 41 万辆，而每辆汽车的平均排污状况又比发达国家高出 20 多倍，机动车排放的废气已成为北京大气的主要污染源之一。（新华社记者 黄景达 摄）

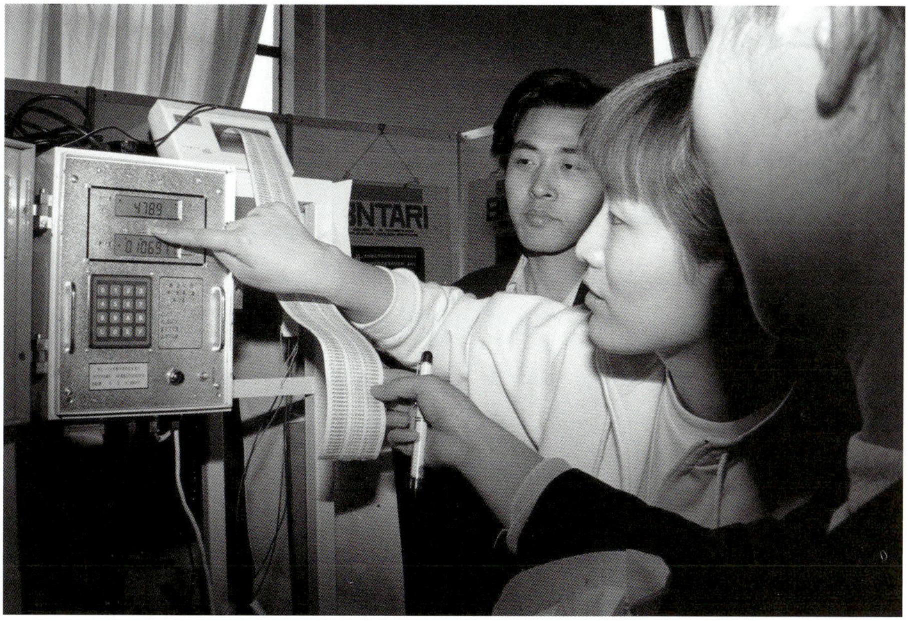

▲ 1992 年 4 月 20 日，全国环境保护产业第 3 届国际环境保护展览会在北京展览馆开幕。来自国内的 900 多家环境保护生产企业及美国、日本等 7 个国家的企业参加展览会。这是北京新技术应用研究所的工作人员（右一）在向观众介绍监控污水排放流量的新型仪器。（新华社记者 刘卫兵 摄）

◀ 1996 年，自燃了百年的中国最大的煤田火区——新疆白杨河（5.88 平方公里）煤田大火被彻底扑灭，5500 多万吨煤炭资源得以保存。（沈桥 摄）

2018 年 10 月 18 日，广西桂林阳朔县兴坪镇的漓江景色。（新华社记者 李鑫 摄）

▲ 2015年9月8日，上海市浦东新区世纪公园。（程旭刚 摄，新华社发）

▲ 2015 年 9 月 15 日，在青海果洛藏族自治州达日县的黄河大桥上拍摄的达日河风光。位于青藏高原腹地的三江源地区，是长江、黄河和澜沧江的发源地，养育了江河中下游地区超过 6 亿人口，是我国最重要的生态功能区之一，有着“中华水塔”之美誉。2005 年，我国启动三江源生态保护一期工程，在草原植被恢复、沙漠化治理等生态修复领域投入资金 86.5 亿元。2014 年，治理面积更广、标准更严格的三江源生态保护二期工程接续启动。（新华社记者 吴刚 摄）

▲ 2016 年 9 月 9 日，位于甘肃敦煌市鸣沙山北麓的月牙泉。（新华社记者 陈斌 摄）

▲ 2017 年 4 月 25 日，位于西沙宣德群岛的七连屿。（新华社记者 郭程 摄）

▲ 2017 年 6 月 29 日，重庆巫山县小三峡的滴翠峡内，一艘游船满载着游客在美丽的山水间前行。（新华社记者 刘潺 摄）

▲ 2016 年 7 月 8 日，图为位于蜀道金牛道文化线路沿线的阆中古城。（新华社记者 江宏景 摄）

▲ 2017年8月31日，从鼓浪屿远望厦门岛。福建位于我国东南沿海，地势呈“依山傍海”之势。近年来，福建省全面践行“绿水青山就是金山银山”发展理念，加快生态文明建设步伐，持续推进国家生态文明试验区（福建）建设。（新华社记者 张国俊 摄）

▲ 2018年1月25日，在江苏盐城大丰黄海湿地麋鹿自然保护区内，麋鹿在觅食。（贺敬华 摄，新华社发）

▲2018年3月9日，六盘水市六枝特区木岗镇的油菜花田。（新华社记者 陶亮 摄）

▶2018年5月21日，图为八步沙第二代治沙人罗兴全、王志鹏、石银山、郭万刚、程生学、贺中强（从左往右）。（新华社记者 范培珅 摄）

▲ 图为 2018 年 5 月 19 日无人机拍摄的山东青岛崂山区雕龙嘴村。（新华社记者 郭绪雷 摄）

▲ 2018 年 6 月 19 日，图为辽宁省盘锦市红海滩风光。辽宁省位于我国东北地区南部，南邻渤海、黄海。近年来，辽宁省以生态文明建设为统领，以改善环境质量为核心，统筹山水林田湖草系统治理，推进农村环境综合整治，全面落实河长制、湖长制，全省生态环境质量持续向好。（新华社发）

▲ 2019 年 1 月 23 日，马群在祁连山下的山丹马场上。冬日时节，地处河西走廊中段、祁连山北麓的千年马场——山丹马场被皑皑白雪覆盖，宛如童话世界。（新华社记者 陈斌 摄）

▲ 2019 年 4 月 23 日，山西运城盐湖。地处黄河下游的运城市拥有着总面积近 132 平方公里的盐湖。近年来，随着盐湖周边生态环境的持续改善，绿化面积不断增加。（新华社记者 曹阳 摄）

▼ 2019年5月9日，内蒙古鄂尔多斯市杭锦旗库布其沙漠生态公园的一处景观。（新华社记者 陈建力 摄）

2019 年 6 月 5 日，西藏拉鲁湿地风光。（新华社记者 普布扎西 摄）

后 记

本书是对新中国成立 70 年的隆重纪念——

2019 年，新中国迎来 70 周年华诞，全面建成小康社会步入关键之年，历史与未来在这里交汇。风雨砥砺，春华秋实。70 年来，中国从封闭落后迈向开放进步，从温饱不足迈向全面小康，从积贫积弱迈向繁荣富强，创造了人类发展史上的伟大奇迹。“历史，总是在一些特殊年份给人们以汲取智慧、继续前行的力量。”在这样一个特殊年份，让中国重温历史，向世界昭示未来。

“70 年砥砺奋进，我们的国家发生了天翻地覆的变化。无论是在中华民族历史上，还是在世界历史上，这都是一部感天动地的奋斗史诗。”习近平总书记在看望参加政协会议的文艺界、社科界委员时这样指出。2019 年，中国迎来新中国成立 70 周年，以习近平同志为核心的党中央，在前所未有的深度和广度上，以深谋远虑、深化变革、深刻重构的国家治理体系和治理能力现代化的大力度改革，将中国特色社会主义伟大事业推向新境界。